CATALOGUE

DES LIVRES

DE LA

BIBLIOTHEQUE

De feu Monsieur THIBERT,
Maître des Comptes.

*Dont la vente à l'amiable commencera
le Lundy 25. Novembre 1726. &
Jours suivans, depuis huit heures du
jusqu'au soir:*

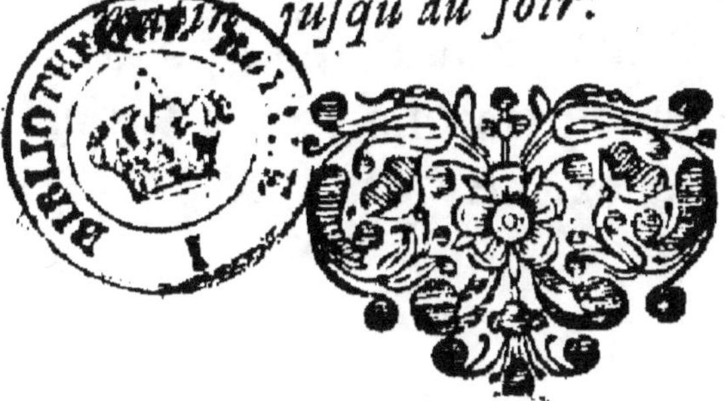

A PARIS,

Chez PIERRE GANDOUIN, Libraire,
Quay des Augustins, à la Belle
Image.

M. DCC. XXVI.

A V I S.

TOUS les Livres de cette Bibliotheque sont d'une très-belle condition. Et pour la facilité de la vente, les prix seront marquez à chaque Livre.

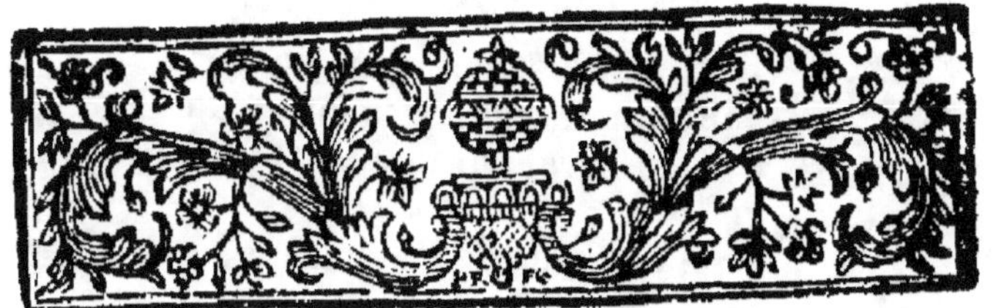

CATALOGUE

DES LIVRES

DE LA

BIBLIOTHEQUE

De feu Monſieur THIBERT,
Maiſtre des Comptes.

THEOLOGIE, *in-folio.*

1. LA Sainte Bible, Latine & Fran-
çoiſe avec des notes, par
Mr. le Maiſtre de Saci, *Pa-
ris* 1715. *fol.* 4. *vol.* — 70

1.* Commentaire Litteral ſur
tous les Livres de l'Ancien & du Nouveau
Teſtament, par le R P. Dom Auguſtin
Calmet, *Paris* 1724. *fol.* 9. *vol.* — 190

2. Le Dictionnaire de la Bible, par M. Simon,
Lyon 1717. *fol.* 2. *vol.* — 18

3. Dictionnaire Hiſtorique, Critique & Chro-
nologique de la Bible, par le R. P. Calmet

90— Benedictin, *Paris* 1722. *fol.* 2. *vol.*

40— 4. Institutiones Catholicæ in modum Catecheseos, authore Francisco Amato Pouget, *Parisiis* 1725. *fol.* 2. *vol.*

15— 5. Commentarius de Sacramentis authore Gaspare Juenin, *Lugd.* 1711. *fol.*

18— 6. Journal de Mr. de Saint Amour, imprimé en 1661. *fol.*

30— 7. Theologia Dogmatica & Moralis, authore Fr. Natali Alexandro, *Parisiis* 1714. *fol.* 2. *vol.*

DROIT CANON ET CIVIL, *in-folio.*

35— 8. Corpus Juris Canonici Petri Pithœi & Francisci fratris, *Parisiis* 1687. *fol.* 2. *vol.*

60— 9. Corpus Juris Civilis cum notis Gothofredi, *Amstelodami* 1663. *fol.* 2. *vol.*

190— 9. * Cujacii opera cum notis Fabrotti, *fol.* 10. *vol. grand papier.*

60— 10. Coutume de Paris avec les Commentaires de Mr. Ferriere, *Paris* 1714. *fol.* 4. *vol.*

6— 11. La Coutume de Paris commentée par Pierre le Maistre, *Paris* 1700. *fol.*

10— 12. Les Coutumes genérales & particulieres de France, *Paris* 1664. *fol.* 2. *vol.*

80 12. * Les mêmes imprimées à *Paris* en 8. *vol. fol.* reliés en 4. tomes 1724.

18 13. La Conference des Ordonnances Royaux, par Pierre Guenois, *Lyon* 1660. *fol.* 3. *vol.*

14. Edits & Ordonnances des Rois de France, recueillis par Antoine Fontanon, *Paris* 1611. *fol. 3. vol.* ——— ——— 50

15. Les Loix Civiles dans leur ordre naturel , par Mr Domat, *Paris* 1713. *fol.* ——— 15

16. Journal du Palais, *Paris* 1701. *fol. 2. vol.*— 28

17. Journal des principales Audiences du Parlement, revû par Mr. Jean du Fresne, *Paris* 1692. *& suivant , fol. 5. vol.* ——— ——— 80

18. Traité de la Police , par Mr. de la Mare, *Paris* 1722. *fol. 3. vol.* ——— ——— 95

Histoire Ecclesiastique Sacrée & Prophane. In-folio.

19. Histoire des Juifs , écrite par Flavius Joseph, traduite par Mr. Arnaud d'Andilly, *Amsterdam* 1700. *fol. grand papier avec figures.* ——— ——— 45

20. Natalis Alexandri Historia Ecclesiastica in octo divisa tomos, *Paris* 1714. *fol. 7. vol.* 110

21. Histoire de l'Eglise depuis Jesus-Christ jusqu'à présent, par Mr. Basnage, *Rotterdam* 1699. *fol. 2. vol.* ——— 35

22. Chronologia Summorum Romanorum Pontificum, *cum figuris fol.* ——— 10

23. Histoire des Papes & Souverains Chefs de l'Eglise, *Paris* 1653. *fol.* — 10

24. Les Fleurs des Vies des Saints composées en Espagnol par le R. P. Ribadeneira, & traduites en François par René Gauthier, *Paris* 1686. *fol. 2. vol.* ——— 12

25. Les Figures & l'Abregé de la Vie, de la Mort & des Miracles de faint François de Paule, mis au jour par Antoine Dondé Minime, *Paris* 1671. *fol. avec figures.*

26. Ceremonies & Coutumes religieufes de tous les Peuples du Monde, reprefentées en figures par Bernard Picard, *Amfterdam* 1723. *fol. 3. vol. grand papier*

27. Hiftoire de l'Abbaye Royale de faint Denys en France, par Dom Michel Felibien, *Paris* 1706. *f·l. avec figures.*

28. Hiftoire de l'Abbaye Royale de faint Germain des Prez, *Paris* 1724. *fol. grand papier avec figures.*

Hiftoire Generale & Particuliere.
In-folio.

29. HIftoire Romaine contenant tout ce qui s'eft paffé de plus memorable depuis le commencement de l'Empire d'Augufte jufques a celui de Conftantin le Grand, par Mr. Coeffeteau, *Paris* 1631. *fol. 3. vol.*

30. Les Hommes Illuftres Grecs & Romains, de Plutarque, traduits en François par Jacques Amyot, avec les Oeuvres Morales du même Plutarque, *Paris, Leonard* 1655. *fol. 4. vol.*

31 Hiftoire de France depuis Pharamond jufqu'au regne de Louis le Jufte, par Mr. de Mezeray, *Paris, Thiery* 1685. *fol. 3. vol.*

32. Nouvelle Hiftoire de France, depuis le commencement de la Monarchie jufques à

la mort de Louis XIII. par Mr. Louis le Gendre, *Paris* 1718. *fol.* 3. *vol.* —— 25

33. Hiftoire de Bretagne, par Dom Gui Alexis Lobineau, Religieux Benedictin, *Paris* 1707. *fol* 2. *vol. avec figures.* —— 65

34. Hiftoire de Provence, par Meffire Jean-François de Gaufridi, *Aix* 1694. *fol.* 2. *vol.* —— 15

35. Hiftoire de Dauphiné & des Princes qui ont porté le nom de Dauphins, *Geneve* 1722. *fol.* 2. *vol. en un.* —— 18

36. Les Oeuvres d'Eftienne Pafquier, contenans fes Recherches de la France, *Amfterdam* 1723. *fol.* 2. *vol.* —— 25

37. Les Antiquitez de la Ville de Paris, & les Annales de la même Ville, par Malingre, *Paris* 1640. *fol.* 2. *vol.* —— 8

38. Hiftoire & Recherche des Antiquitez de la Ville de Paris, par Mr. Henry Sauval, *Paris* 1724. *fol.* 3. *vol.* —— 40

39. Hiftoire de la Ville de Paris, compofée par Dom Michel Felibien, revûe, augmentée & mife au jour par Dom Guy-Alexis Lobineau, Religieux Benedictin, *Paris* 1725. *fol.* 5. *vol. grand papier avec figures.* — 170

40. L'entrée Triomphante de leurs Majeftez Louis XIV. Roi de France & de Navarre, & Marie Therefe d'Autriche fon épouf, dans la Ville de Paris, *Paris* 1662. *fol. avec figures.* —— 8

41. Les Hommes Illuftres qui ont paru en France pendant le fiecle paffé, avec leurs Portraits au naturel, par Mr. Perrault, *Paris* 1696. *fol.* 2. *vol.* —— 70

42. Hiftoire d'Angleterre, d'Ecoffe & d'Irlande, par Mr. de Larrey, *Rotterdam* 1707. *fol.* 4. *vol.* —— 90

43. Annales des Provinces-Unies depuis les negociations pour la paix de Munster, par Mr. Basnage, *la Haye* 1719. *fol.*

44. Annales & Histoire des troubles des Pays-Bas, par Hugo Grotius, *Amsterdam* 1661. *fol.*

❖❖❖❖❖❖❖❖❖❖❖ : ❖❖❖❖❖❖❖❖❖

Chronologie, Geographie & Voyages. In-folio.

45. LE grand Théatre Historique, ou nouvelle Histoire Universelle tant sacrée que profane, divisé en cinq parties, *Leyde* 1703. *fol. 3. vol. avec figures.*

46. Description Historique & Géographique de la France, par Mr. l'Abbé de Longrué, 1722. *fol. grand papier.*

47. Description des Isles de l'Archipel, traduite du Flamand, d'O-Dapper, *Amsterdam* 1703. *fol. avec figures.*

48. Description de l'Afrique, traduite du Flamand d'O-Dapper, *Amsterdam* 1686. *fol. avec figures.*

49. Ambassades de la Compagnie des Indes Orientales des Provinces-Unies, vers les Empereurs du Japon, *Amsterdam* 1680. *fol. avec figures.*

50. L'Ambassade de la Compagnie Orientale des Provinces-Unies vers l'Empereur de la Chine, *Leyde* 1660. *fol. avec figures.*

51. La Chine d'Athanase Kirchere de la Compagnie de Jesus; illustrée de plusieurs monumens tant sacrez que profanes, traduite

par Fr. S. Dalquié, *Amsterdam 1670. fol. avec figures.* — 12

52. Relations de divers voyages curieux par Mr. Melchisedec Thevenot, le tout enrichi de figures, de Plantes, &c. *Paris 1696. fol. 2. vol.* — 45

53. Histoire de la Navigation de Jean Hugues de Linschot Hollandois, avec les annotations de B. Paludanus, *Amsterdam 1638. fol. avec figures.* — 6

54. Voyage au Levant, par Corneille le Brun, *Amsterdam 1714. fol. grand papier avec figures.*

55. Voyages de Corneille le Brun par la Moscovie en Perse & aux Indes Orientales, enrichis de plus de 320. tailles-douces, *Amsterdam 1718. fol. 2. vol.* — 55

56. Academie des Sciences & des Arts, contenant les Vies & les Eloges historiques des Hommes Illustres, avec leurs Portraits, par Isaac Bullart, *Amsterdam 1682. fol. 2. vol.* — 30

57. Atlas Historique, ou nouvelle introduction à l'Histoire, à la Chronologie & à la Géographie ancienne & moderne, representée dans de nouvelles Cartes par Mr. Gueudeville, *Amsterdam 1713. fol. 7. vol.* — 180

58. Le nouveau Theatre du Monde, ou la Géographie Royale, avec une description géographique & historique des quatre parties de l'Univers, desquelles l'Europe en détail est écrite par Mr. Gueudeville, & les trois autres parties par Mr. Ferrarius, *Leyde 1713. fol. grand papier.* — 24

HISTOIRE NATURELLE.
In - folio.

59. **P**Linii Hiſtoriæ naturalis libri xxxvii.
cum interpretatione & notis Joan-
nis Harduini , *Paris 1723. fol. 3. vol.*

60. Theatrum Univerſale omnium Anima-
lium , Autore Henrico Ruyſch , *Amſtelo-
dami 1718. fol. 2. vol. avec figures.*

60. * Hortus Indicus Malabaricus , 5. vol.
fol. Amſtelodami 1678. cum figuris.

DICTIONNAIRES, ORATEURS,
Philoſophes , & Poëtes.
In - folio.

61. **D**Ictionnaire de Cas de Conſcience,
ou Déciſions des plus conſidera-
bles difficultez touchant la Morale & la
Diſcipline Eccleſiaſtique , par Mr. Jean
Pontas, Prêtre, *Paris 1724. fol. 3. vol.*

62. Dictionnaire Univerſel de Commerce ,
contenant tout ce qui concerne le Com-
merce qui ſe fait dans les quatre parties
du Monde, par Mr. Savary, *Paris 1723.
fol. 2. vol.*

63. Dictionnaire François contenant généra-
lement tous les mots tant vieux que nou-

veaux, par Pierre Richelet , *Amſterdam*,
1706. *fol.* _______   12

64. Dictionnaire Hiſtorique & Critique , par
Mr. Bayle, *Rotterdam* 1697. *fol.* 2. *vol.*   66

65. _______ Le même , ſeconde Edi-
tion , *Rotterdam* 1702. *fol.* 3. *vol.* _______   90

66. _______ Le même , troiſiéme Edi-
tion revuë , corrigée & augmentée par
l'Auteur , *Rotterdam* 1720. *fol.* 4. *vol.*   130

67. Dictionnaire Univerſel , Geographique
& Hiſtorique , par Mr. Corneille , *Paris*
1708. *fol.* 3. *vol.* _______   36

68. Bibliotheque Orientale , ou Dictionnaire
Univerſel , contenant généralement tout
ce qui regarde la connoiſſance des Peuples
de l'Orient , par Mr. d'Herbelot. *Paris*
1697. *fol.* _______   18

69. Dictionnaire Univerſel François & Latin,
imprimé par ordre de Monſeigneur le
Prince de Dombes , *Trevoux fol.* 5. *vol.*   112

70. Le grand Dictionnaire Hiſtorique , ou
le Melange curieux de l'Hiſtoire ſacrée
& prophane , par Mr. Moreri, *Paris* 1718
fol. 5. *vol.* _______   100

71. Marci Tullii Ciceronis Opera quæ ſuper-
ſunt omnia cum Aſconio & Scholiaſte ve-
teri, ac notis integris P. Victorii , J. Ca-
merarii, Fr. Urſini , & ſelectis P. Manutii,
Dion. Lambini , J. Gulielmi &c. è recen-
ſione Iſaaci Verburgii , *Amſtelod.* 1724.
fol. 2. *vol.* _______   50

72. Opera & fragmenta veterum Poëtarum
Latinorum, Profanorum & Eccleſiaſticorum,
Londini 1713. *fol.* 2. *vol.* _______   60

73. Titi Lucretii Cari de rerum natura libri
ſex. *Londini* 1712. *fol. magno.* _______   40

74. Oeuvres de Nicolas Boileau-Deſpreaux,

avec des Eclaircissemens historiques don-
nez par lui-même , avec des figures gra-
vées par Bernard Picard, *Amsterdam* 1718.
fol. 2. *vol.*

PHILOLOGUES.
In - folio.

75. LES Métamorphoses d'Ovide en Latin
    & en François , divisées en xv.
livres, de la Traduction de Mr. du Ryer,
Bruxelles 1677. *fol.*

76. Les Tableaux de Platte peinture des
deux Philostrates , mis en François par
Blaise de Vigenere , *Paris* 1614. *fol. grand
papier , avec figures.*

77. Tableaux du Temple des Muses tirez du
cabinet de feu Mr. Favereau, par Mr. Mi-
chel de Marolles , *Paris* 1655. *fol. grand
papier.*

78. Mythologie, ou Explication des Fables,
revuë, corrigée & augmentée par J. Bau-
douin , *Paris* 1627. *fol.*

79. Pratique universelle des Sciences les plus
nécessaires dans le Commerce & à la vie
civile, par Nicolas Duval , *Tome premier,
Paris* 1725. *fol. avec la souscription pour les
volumes suivans.*

THEOLOGIE

THEOLOGIE.
In - quarto.

80. Biblia Sacra Vulgatæ Editionis cum notis chronologicis, *Paris, Vitré* 1666. *in-quarto lavé & reglé.* 20

81. Commentaire litteral sur tous les livres de l'ancien & du nouveau Testament, par le P. Dom Augustin Calmet, avec les Dissertations du même, *Paris. in-quarto* 27. *volumes.* —— 230

82. Parva Christianæ pietatis officia per Christianissimum Regem Ludovicum XIII. ordinata, *Parisiis è Typographia Regia* 1643. *in-quarto* 2. *vol. maroquin rouge.* —— 20

83. Introduction à l'Ecriture sainte enrichie de plusieurs figures, traduite du Latin du R. P. Lamy, *Lyon* 1709. *in quarto.* —— 6

84. Interpretation des Pseaumes, avec la vie de David, par Mr. l'Abbé de Choisy, *Paris* 1690. *in-quarto.* —— 4

85. La Religion Chrétienne prouvée par les faits, par Mr. l'Abbé Houtteville, *Paris* 1722. *in-quarto.* —— 7

86. Abregé des principaux Traitez de la Theologie, par Mr. le Tourneux, *Paris* 1693. *in-quarto.* —— 8

87. Histoire du Concile de Trente, de Fra-Paolo Sarpi, traduite par Mr. Amelot de la Houssaye, *Amsterdam* 1699. *in-quarto.* 7

B

88. Hiſtoire du Concile de Conſtance, par Jacques Lenfant, *Amſterdam*, 1714. in-quarto. 2. *vol. en un.*

89. Hiſtoire du Concile de Piſe, par Jacques Lenfant, enrichie de portraits, *in-quarto* 2. *vol. en un, grand papier.*

90. Nouvelle Hiſtoire du Concile de Conſtance, où l'on fait voir combien la France a contribué à l'extinction du Schiſme, par Mr. du Chaſtenet, *Paris* 1718. in-quarto.

91. Hiſtoire du Socinianiſme, diviſée en 2. parties, *Paris* 1723. *in quarto.*

92. Hiſtoire des variations des Egliſes Proteſtantes, par Mr. Benigne Boſſuet, *Paris* 1688. *in-quarto* 2. *vol.*

93. Inſtructions generales en forme de Catechiſme, imprimées par ordre de Monſeigneur l'Evêque de Montpellier, *Paris* 1710. *in-quarto.*

94. Hiſtoire dogmatique de la Religion, ſous la Loi naturelle, ſous la Loi écrite, & ſous la Loi de grace, par Mre. Jean Claude Sommier, *Paris* 1712. *in-quarto* 5. *vol.*

95. L'Homme Chrétien, ou la Réparation de la Nature par la Grace, par le P. Senault, *in-quarto*, *Paris* 1663.

96. L'Homme Criminel, ou la Corruption de la Nature par le péché, par le P. Senault, *in-quarto*, *Paris* 1663.

97. Méditations ſur les Myſteres de la Foi, par le R. P. Louis Dupont, *Paris* 1683. *in-quarto* 3. *vol.*

98. Curſus Theologicus, Autore Andrea le Soudier. *Paris* 1724. *in-quarto.*

99. De la Sainteté & des Devoirs de la vie Monaſtique, avec les éclairciſſemens, *Paris*

1683. *in-quarto*, 3. *volumes.* ———— 8

100. Pratique de la Perfection Chrétienne, du P. Alphonse Rodriguez, traduite par Mr. l'Abbé Regnier Des-Marais, *Paris, Cramoisy*, 1679. *in-quarto* 3. *vol.* ———— 15

101. Annus Apostolicus continens Conciones, Autore R. P. Zacharia la Selve, *Colonia Agrippina*, 1724. *in-quarto*, 2. *vol.* ———— 6

102. L'Imitation de Jesus-Christ, traduite & paraphrasée en vers françois, par P. Corneille, *Paris* 1656. *in-quarto.* ———— 3

103. Jugement des SS. Peres sur la Morale de la Philosophie Payenne, *Strasbourg* 1719. *in-quarto.* ———— 2

104. La Pratique de la Jurisdiction Ecclesiastique, par Mr. du Casse, *Toulouse* 1706. *in-quarto.* ———— 21

105. L'Existence de Dieu démontrée par les merveilles de la nature, *Paris* 1725. *in-quarto.* ———— 8

106. Dissertations sur l'Existence de Dieu, par Mr. Jacquelot, *la Haye* 1697. *in-quarto.* ———— 12

107. Les Oeuvres de S. Cyprien Evêque de Carthage, traduites en François, par Mr. Lombert, *Paris* 1672. *in-quarto.* ———— 5

DROIT CANON ET CIVIL.
In - quarto,

108. ANt. Perezii Prælectiones in duodecim libros Codicis, *Antuerpia* 1720. *in-quarto* 2. *vol.* ———— 8

109. La Difcipline de l'Eglife tirée du Nou-
veau Teftament , *Lyon 1689. in - quarto*
2. *vol.*

110. Ancienne & nouvelle Difcipline de l'E-
glife touchant les Bénéfices & les Bénéfi-
ciers, extraite de la Difcipline du P. Tho-
maffin, *Paris 1717. in-quarto.*

111. —————— La même du même Au-
teur, *Paris 1701. in-quarto.*

112. Traité de l'étude des Conciles , & de
leurs collections, *Paris 1725. in-quarto.*

113. Commentaire fur le Traité des Libertez
de l'Eglife Gallicane, par Mr. Pithou, *Par.*
1652. in - quarto, grand papier.

114.   de Mr. Dupuy fur le Traité
des Libertez de l'Eglife Gallicane, avec la
Préface , *Paris 1715. in-quarto* 2. *vol.*

115. Inftitutions Ecclefiaftiques & Bénéficiales
par Mr. Gibert, *Paris 1720. in-quarto.*

116. Traité des matieres Beneficiales par Mr.
Fuet Avocat, *Paris 1721. in-quarto.*

117. Droit Canonique de France, ou Recueil
des décifions fur les matieres Beneficiales,
Paris 1708. in-quarto.

118. Les Loix Civiles dans leur ordre naturel ,
Paris 1697. in-quarto 6. *vol.*

119. Oeuvres diverfes de Mr. Patru , conte-
nant fes Playdoyers, Harangues , Lettres,
&c. *Paris 1714. in-quarto.*

120. Les Plaidoyers & Harangues de Mr. le
Maiftre donnez au public par Mr. Iffali, *Paris*
1660. in-quarto.

121. Procès Verbal des Conferences tenues par
Ordre du Roi pour l'examen des Ordon-
nances de 1667. & 1670. *Paris 1719. in-*
quarto.

122. Le Droit de la Nature & des Gens ;

traduit du Latin de Mr. de Pufrendorf, par
Mr. Barbeyrac, *Amst.* 1712. *in-quarto* 2. *vol.*   20

123. Les Playdoyers de Mr. Gaultier, Avocat
au Parlement, *Paris* 1698. *in-quarto* 2. *vol.*   6

124. Les Plaidoyers & autres Oeuvres de Mr.
Gillet, *Paris* 1718. *in-quarto* 2. *vol.* ———   8

125. Le nouveau Praticien, par Mr. de Ferriere,
Paris 1686. *in-quarto.* ———   3

126. La nouvelle pratique Civile, Criminelle
& Benéficiale, ou le nouveau Praticien
François, par Mr. Lange, *Paris* 1719. *in-
quarto* 2. *vol.* ——— ——— ———   12

127. Le Parfait Procureur, par Pierre Néel
Duval, *Lyon* 1705. *in-quarto* 2. *vol.* ———   15

128. La Science parfaite des Notaires, par Mr.
Claude de Ferriere, *Paris* 1715. *in-quarto*
2. *vol.* ——— ——— ———   15

129. Conference des Ordonnances de Louis
XIV. par Philippe Bornier, *Paris* 1719. *in-
quarto* 2. *vol.* ———   15

130. Nouveau Dictionnaire Civil & Canoni-
que par Mr. ***, *Paris* 1717. *in-quarto.* —   6

131. Divers Plaidoyers touchant la cause du
Gueux de Vernon, *Paris* 1665. *in quarto.* —   2

132. Les Vies des plus célébres Jurisconsultes de
toutes les Nations, *Paris* 1721. *in-quarto.* —   6

133. La Vie de Maistre Charles Dumoulin, par
Mr. Brodeau, *Paris* 1654. *in quarto.* ———   1

HISTOIRE ECCLESIASTIQUE.
In-quarto.

134. Histoire Ecclesiastique, par Mr.
l'Abbé Fleury, *Paris* 1691. &

110 —— *ſuivantes, in-quarto* 22. *vol.*

10 —— 135. Memoires pour ſervir à l'Hiſtoire Eccleſiaſtique des ſix premiers ſiecles, par Mr. le Nain de Tillemont, tome 13. qui contient la Vie de ſaint Auguſtin, *Paris* 1702. *in-quarto.*

45 — 136. L'Hiſtoire de l'Egliſe, par Mr. l'Abbé de Choiſy, *Paris* 1706. *& ſuivantes, in-quarto* 11. *vol.*

13 — 137. Hiſtoire de l'Egliſe, écrite par Euſebe de Ceſarée, traduite par Mr. Couſin, *Paris* 1675. *in-quarto* 4. *vol.*

12 — 138. Les Vies des Saints Peres des Deſerts, traduites en François, par Mr. Arnaud d'Andilly, *Paris* 1658. *in-quarto.*

2 — 139. Les Vies, Mœurs & Actions des Papes de Rome, traduites du Latin de Platine, par le ſieur Coulon, *Paris* 1651. *in-quarto*

15 — 140. La Vie de Saint Ambroiſe, par Mr. Hermant, *Paris* 1679. *in-quarto.*

10 — 141. ——— de Saint Athanaſe, par Mr. Hermant, *Paris* 1671. *in-quarto* 2. *vol.*

12 — 142. ——— de Saint Baſile & Saint Gregoire de Nazianze, par Mr. Hermant, *Paris* 1674. 2. *vol.*

6 — 143. ——— de Saint Jean Chryſoſtome, par Mr. Hermant, *Paris* 1664. *in-quarto.*

3 — 144. La Vie de Saint Cyprien, *Paris* 1717. *in-quarto.*

3 — 145. ——— de Saint Benoiſt, par Saint Gregoire Grand, miſe au jour par le R. P. Dom Joſeph Mege, Religieux Benedictin, *Paris* 1690. *in quarto.*

4 — 146. ——— de Saint Jérôme, par le R. P. Dom Jean Martianay, *Paris* 1706. *in-quarto.*

147. La Vie de Saint Martin, Evêque de Tours, par N. Gervaise, *Tours 1699. in-quarto.* — 3

148 Histoire de Saint Gregoire le Grand, par Dom Denys de Sainte Marthe, *Rouen 1697. in-quarto.* — 6

149. La Vie de Saint Bernard, premier Abbé de Clairvaux, *Paris 1648. in-quarto.* — 3

150. Histoire de Saint Louis, de Mr. de la Chaise, *Paris 1688. in-quarto.* — 6

151. La Vie de Saint Louis, par Mr. l'Abbé de Choisy, *Paris 1690. in-quarto.* — 3

152. ————— de Saint François Xavier, par le P. Dominique Bouhours, *Paris 1682. in-quarto.* — 6

153. ————— de Saint Thomas, Archevêque de Cantorbery, *Paris 1674. in-quarto.* — 4

154. ————— de Saint Bernard, premier Abbé de Clairvaux, par Mr. de Villefort, *Paris 1704. in-quarto.* — 4

155. La Vie de Dom Barthelmy des Martyrs, *Paris, le Petit 1664. in quarto.* — 5

156. ————— de Saint Charles Borromée, par le R. P. Edme Cloyseault, Prêtre de l'Oratoire, *Lyon 1685. in-quarto.* — 8

157. ————— du Cardinal de Berulle, par Germain Habert, *Paris 1646. in-quarto.* — 3

158. ————— de Dom Armand Jean le Bouthillier de Rancé, Abbé de la Trappe, par Mr. l'Abbé de Marsollier, *Paris 1703.* — 6

159. ————— de Sainte Therese, par Mr. de Villefort, *Paris 1712. in-quarto.* — 3

160. ————— de Saint Ignace, par le P. Bouhours, *Paris 1679. in-quarto.* — 4

161. ————— du P. Pierre Coton, par le P. d'Orleans, *Paris 1688. in quarto.* — 3

162. La Vie de Saint Augustin, par Mr

3 —— Godeau Evêque de Grasse , *Paris* 1657. *in-quarto.*

3 —— 163. La Vie du Bienheureux Robert d'Arbrissel , par B. Pavillon , *Saumur* 1667. *in-quarto.*

3 —— 164. —————— de Saint François de Sales , par Mr. Henry de Maupas du Tour , *Paris* 1657. *in-quarto.*

3 —— 165. —————— de Saint François d'Assize , par le P. Jacques d'Autun , *Dijon* 1676. *in-quarto.*

3 —— 166. La Vie , les Vertus & les Miracles de Saint Germain Evêque d'Auxerre , par Dom George Viole , Religieux Benedictin , *Paris* , 1656. *in-quarto.*

3 —— 167. —————— du Bienheureux Jean-François Regis , par le R. P. d'Aubenton , *Paris* 1716. *in-quarto.*

3 —— 168. —————— de Saint Vincent de Paul , par Mr. Abelly , Evêque de Rodez , *Paris* 1698. *in-quarto.*

3 —— 169. —————— de Cæsar de Bus , par le R. P. Pierre du Mas , *Paris* 1703. *in-quarto.*

4 —— 170. —————— du Cardinal Bellarmin , par le P. Nicolas Frizon , *Nancy* 1709. *in-quarto.*

6 —— 171. La Vie de Saint François de Borgia , *Paris* 1672. *in-quarto.*

3 —— 172. —————— de Saint Pierre d'Alcantara , écrite en Italien , par le P. Marchese , & traduite en François par Mr. *** *Lyon* 1670. *in-quarto.*

3 —— 173. —————— de Saint Norbert Archevêque de Magdebourg , par le P. Charles Hugo , *Luxembourg* 1704. *in-quarto*

3 —— 174. —————— du R. P. Charles Favre , Abbé de Sainte Geneviève de Paris , *Paris* 1658. *in-quarto.*

175. La Vie de Saint Jean de Dieu, *Paris* 1691.
in-quarto ———   2

176. Le Portrait en petit de Saint François de Paule, par Fr. Hilarion de Coste, *Paris* 1655. *in-quarto.* ———   2

177 Histoire des Ordres Monastiques, Religieux & Militaires, par le R. P. Helyot, *Paris* 1714. *in-quarto* 8. *vol. avec figures* ———   90

178. Recueil Historique, Chronologique & Topographique des Archevêchez, Évêchez, Abbayes & Prieurez de France, par Dom Beaunier, Religieux Benedictin, *Paris* 1726. *in-quarto* 2. *vol.* ———   12

179. Histoire du Nestorianisme, par le P. Louis Doucin, *Paris* 1698. *in-quarto.* ———   12

180. ——————— des Anabaptistes, par le P. Catrou, *Paris* 1706. *in-quarto.* ———   4

181. ——————— de la Réformation de l'Eglise d'Angleterre, traduite de l'Anglois de Burnet, par Mr. de Rosemond, *Londres* 1683. *in-quarto* 2. *vol.* ———   10

282. ——————— de l'Eglise du Japon, par Mr. l'Abbé de T***, *Paris* 1689. *in-quarto* 2. *vol.* ———   10

Histoire Genérale & Particuliere.
In-quarto.

183. C. Julii Cæsaris quæ exstant omnia ex recensione Joannis Davisii, *Cantabrigia* 1706. *in-quarto.* ———   8

184. C Crispi Salustii quæ exstant, cum diversorum notis ex recensione Josephi Was-

se. *Cantabrigiæ* 1710. *in-quarto.*

185. Caii Suetonii opera cum commentariis Samuelis Pitisci, *Leovardiæ* 1714, *in-quarto* 2. *vol. grand papier.*

186. Les Antiquitez Romaines de Denys d'Halycarnasse traduites en François, avec des notes Historiques & Chronologiques, par Mr. ***, *Paris* 1723. *in-quarto* 2. *vol. grand papier.*

187. ——————— de Denys d'Halycarnasse, traduites du Grec par le P. Gabriel-François le Jay, *Paris* 1722. *in-quarto* 2. *vol.*

188. Histoire Romaine depuis la fondation de Rome, par les RR. PP. Catrou & Rouillé, *Paris* 1725. *in-quarto* 4. *vol. grand papier,* avec la *souscription pour les* 4. *vol. que l'on délivre.*

189. Les Vies des Hommes Illustres de Plutarque, traduites en François par Mr. Dacier, *Paris* 1721. *in-quarto* 8. *vol. grand papier.*

190. Histoire de Theodose le Grand, par Mr. Flechier, *Paris* 1679. *in-quarto grand papier.*

191. ——————— Romaine écrite par Xiphilin, Zonare & Zosime, & traduite par Mr. Cousin, *Paris* 1678. *in-quarto.*

192. ——————— de Constantinople depuis le Regne de l'Ancien Justin, jusqu'à la fin de l'Empire, traduite sur les Originaux Grecs, par Mr. Cousin, *Paris* 1672. *in-quarto* 8. *vol.*

193. Joannis Rosini Antiquitates Romanæ, *Lugd. Batavorum* 1663. *in-quarto.*

194. Histoire des Empereurs, par Mr. le Nain de Tillemont, *Paris* 1700. *in-quart* 5. *vol.*

195. Recueil des Rois de France, leur Couronne & Maison, par Mr. Jean du Tillet, *Paris* 1618. *in-quarto.* ———————— 10

196. Abregé Chronologique de l'Histoire de France, par le sieur de Mezeray, *Paris, Billaine.* 1668. *in-quarto,* 3. *vol.* ——— 40

197. Histoire de France depuis l'établissement de la Monarchie, par le P. Gabriel Daniel, *Amsterdam* 1720. *in-quarto* 6. *vol.* ——— 70

198. ————— La même, *Paris* 1722. *in-quarto* 7. *vol. grand papier.* ——— 180

199. { Comparaison des deux Histoires de Mr. Mezeray & du Pere Daniel, par Daniel Lombard, *Amsterdam* 1723. Mémoires de la vie de Jacques-Auguste de Thou, *Rotterd.* 1711. *in-quarto reliez ensemble.* } 6

200. Histoire de la Milice Françoise, par le R. P. Gabriel Daniel, *Paris* 1721. *in-quarto* 2. *vol. grand papier, avec figures.* ——— 40

201. Oeuvres de Mr. Varillas, contenant les regnes des Rois de France; & les Héréfies, *Paris* 1691. *& suivantes, in-quarto,* 21. *vol.* 60

202. Histoire de Charles V. Roi de France, par Mr. l'Abbé de Choisy, *Paris* 1689. *in-quarto.* ——— 2

203. ————— de Charles VI. Roi de France; par Mr. l'Abbé de Choisy, *Paris* 1695. *in-quarto.* ——— 4

204. ————— de Philippe de Valois & du Roi Jean, par Mr. l'Abbé Choisy, *Paris* 1688. *in-quarto.* ——— 2

205. ————— Civile & Ecclefiastique du Comté d'Evreux, par Mr. l'Abbé le Brasseur, *Paris* 1722. *in quarto.* ——— 6

206. Les Mémoires de feu Mr. le Duc de Guise, *Paris* 1668. *in-quarto.* ——— 2

207. Histoire de Henry de la Tour d'Auvergne, Duc de Bouillon, *Paris. in-quarto.*

208. La vie du Cardinal d'Amboise, par Mr. le Gendre, *Amsterdam* 1726 *in-quarto.*

209. Histoire des Démélez de la Cour de France avec la Cour de Rome, au sujet de l'affaire des Corses, par Mr. l'Abbé Regnier des Marais, 1707. *in-quarto.*

210. Traité Historique des Monnoyes de France, avec les empreintes, par Mr. le Blanc, *Paris. in-quarto.*

211. Le Théatre des Antiquitez de la Ville de Paris, par le R.P. Jacques du Breuil, Parisien, *Paris* 1612. *in-quarto.*

212. Les Mémoires de Roger de Rabutin Comte de Bussy, *Paris* 1696. *in-quarto*, 2. *vol.*

213. Dissertations historiques & critiques sur la Chevalerie ancienne & moderne, par le R.P. Honoré de Sainte Marie, *Paris* 1718. *in-quarto.*

214. Histoire de Pierre d'Aubusson, Grand Maître de Rhodes, par le P. Bouhours, *Paris* 1676. *in-quarto.*

215. La vie du Cardinal Jean-François Commendon, traduite du latin en françois, par Mr. Fléchier, *Paris* 1671. *in-quarto.*

216. Traité de la Noblesse, & de ses differentes especes, par Mr. Gilles André de la Rocque, *Rouen* 1710. *in-quarto.*

217. Tibere, Discours politiques sur Tacite, par Mr. Amelot de la Houssaye, *Amsterdam* 1684. *in-quarto.*

218. Histoire générale de l'Empire du Mogol, par le P. Catrou, *Paris* 1705. *in-quarto.*

219. Histoire de l'Empire, contenant son origine

origine, son progrès, par le sieur Heiss, *Paris* 1684. *in-quarto.* ——— 5

220. L'Ambassadeur & ses fonctions, par Mr. Wicquefort, *Cologne* 1690. *in-quarto, deux vol. en un.* ——— 6

221. Histoire d'Angleterre, par Mr. Rapin de Thoyras, *la Haye* 1724. *in - quarto,* 8. *volumes.* ——— 80

222. Histoire des Révolutions d'Angleterre depuis le commencement de la Monarchie, par le P. d'Orleans, de la Compagnie de Jesus, *Paris* 1693. *in-quarto* 3. *vol.* ——— 36

223. Histoire d'Olivier Cromwel, par Mr. Raguenet, *Paris* 1691. *in-quarto.* ——— 3

224. Histoire générale d'Espagne du P. Jean de Mariana, traduite en François par le P. Nicolas de Charenton, *Paris* 1725. *in-quarto* 7. *vol grand papier.* ——— 60

225. Histoire du Cardinal Ximenès, par Mr. Esprit Fléchier, *Paris* 1693. *in - quarto, grand papier, maroquin rouge.*

226. Discours sur l'Histoire universelle, par Mr. Bossuet Evêque de Meaux, *Paris* 1681. *in-quarto.* ——— 12

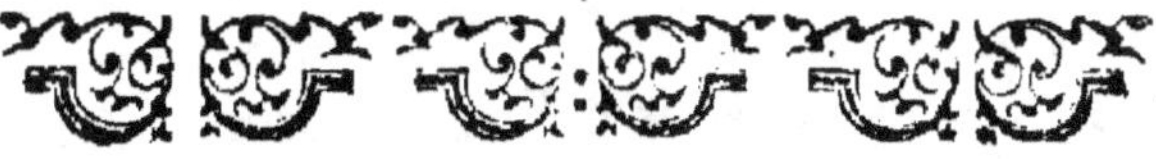

V O Y A G E S.

In-quarto.

227. **V**oyages de Mr. le Chevalier Chardin en Perse & autres lieux, *Amsterdam* 1711. *in-quarto trois volumes, avec figures.* ——— 35

228. Les deux Voyages de Siam du P. Ta-
chard, *Paris 1686. & 1689. in-quarto, 2.
vol. avec figures.*

229. Voyage litteraire de deux Religieux Bé-
nédictins, enrichi de figures, *Paris 1717.
in-quarto.*

230. Second Voyage litteraire de deux Re-
ligieux Bénédictins, enrichi de figures,
avec le Voyage de Nicolas de Bofc évêque
de Bayeux, pour négocier la paix entre
les Couronnes de France & d'Angleterre en
1381. *Paris 1724. in-quarto.*

231. Les fameux Voyages de Pietro della
Vallé, *Paris 1670. in-quarto 5. vol.*

232. Les Voyages de Jean Struys en Mofco-
vie, Tartarie, Perfe & autres lieux, *Am-
fterdam 1681 in - quarto avec figures.*

233. Journal des Voyages de Mr. de Mon-
conys, publié par le fieur de Liergue fon
fils, *Lyon 1665. in-quarto 3. vol.*

234. Relation du Voyage d'Adam Olearius
en Mofcovie, Tartarie & Perfe, traduit de
l'Allemand, par Mr. Wicquefort, *Paris
1659. in-quarto 2. vol.*

235. Relation nouvelle d'un Voyage de Con-
ftantinople, par Mr. Grelot, *Paris 1680.
in-quarto.*

236. Les Voyages de Mr. le Brun, *Paris
1725. in-quarto 5. vol. grand papier avec
figures.*

237. Relation du Voyage de la Mer du Sud
fait pendant les années 1712. 1713. &
1714. par Mr. Frezier, *Paris 1716. in-
quarto avec figures.*

238. Relation Hiftorique d'un Voyage nou-
vellement fait au Mont de Sinaï & à Jeru-
falem, par le fieur Morifon, *Toul 1704. in-
quarto.*

239. Relation d'un Voyage du Levant fait par ordre du Roi ; par Mr. Pitton de Tournefort, *Paris de l'Imprimerie Royale* 1717. *in-quarto* 2. *vol. avec figures.* ——— *35.*

240. Mœurs des Sauvages Americains, comparée aux Mœurs des premiers tems, par le P. Laffitau, *Paris* 1724. *in-quarto* 2. *vol. avec figures.* ——— *15*

MEDECINE.

241. Histoire de la Medecine, par Daniel le Clerc, *Amsterdam* 1723. *in-quarto.* ——— *15 o*

242. Castelli Lexicon Medicum Græco-Latinum, *Lypsiæ* 1713. *in-quarto.* ——— *10*

243. Traité universel des Drogues simples, par Nicolas Lemery, *Paris* 1714. *avec les figures des Plantes.* ——— *16*

244. Pharmacopée universelle, par Nicolas Lemery, *Paris* 1716. *in-quarto.* ——— *14*

245. Les Œuvres de Mr. Mauriceau, contenant son Traité des Maladies des Femmes grosses, & ses Observations sur la Grossesse, *Paris* 1712. *in-quarto* 2. *vol.* ——— *10*

MATHEMATIQUES.

246. Dictionnaire Mathematique, ou Idée générale des Mathematiques,

par Mr. Ozanam , *Paris* 1691. *in - quarto.* *avec figures.*

247. Nouveaux Elémens de Géometrie , par Mr. Arnaud 1683. *in-quarto.*

248. Traité d'Algebre , ou Principes généraux pour résoudre les Questions de Mathématique , par Mr. Rolle , *Paris* 1690. *in-quarto.*

249. Traité du Triangle Arithmétique , par Mr. Pascal , *Paris* 1665. *in-quarto.*

250. Traité de Physique, par Jacques Rohault, *Paris* 1671. *in-quarto.*

251. Entretiens sur les Vies des plus excellens Peintres , & un Abrégé de la Vie des plus célébres Architectes, par Mr. Felibien, *Paris, Cramoisy*, 1685. *in quarto*, 3 *vol.*

252. Discours prononcez dans les Conférences de l'Academie Royale de Peinture & Sculpture, par Mr. Coypel, *Paris* 1721. *in quarto.*

253. La Vie de Mr. Descartes , par Mr. Adrien Baillet, *Paris* 1691. *in-quarto.*

254. Histoire de l'Académie des Sciences , commençant en l'an 1699. jusques & compris l'année 1721. *Paris in-quarto* 24. *vol.*

255. Mémoires de Mathématique & de Physique , tirez des Regîtres de l'Academie Royale des Sciences, *Paris , de l'Imprimerie Royale*, 1692 & 1693. *in-quarto*. 2. *vol.* *avec figures.*

256. Recueil des Memoires & Conferences , qui ont été présentez à Monseigneur le Dauphin pendant l'année 1672. par J. B. Denys, *paris* 1672. *in-quarto.*

257. Histoire de l'Academie Royale des Inscriptions & Belles Lettres , depuis son établissement jusqu'à present , *paris Imprimerie*

Grammairiens, Dictionnaires, Orateurs, Philosophes & Poëtes.
In-quarto.

258. Nouvelle Méthode pour apprendre la Langue Italienne, par le sieur de Veneroni, *paris* 1688. *in-quarto.*

259. Dictionnaire Italien & François, par le sieur Veneroni, *paris* 1710. *in-quarto.*

260. Novitius, seu Dictionarium Latino Gallicum Schreveliana Methodo digestum, *parisiis* 1721, *in-quarto* 2. *vol. en un.*

261. Marci Tulli Ciceronis Opera quæ supersunt omnia cum Asconio & Scholiaste veteri; ac notis integris P. Victorii, Jac. Camerarii, Fr. Ursini, & Selectis P. Manutii, D. Lambini, J. Gulielmii, &c. Ex recensione Isaaci Verburgii, *Amstelod.* 1724. *in-quarto* 4 *vol.*

262. M. Fabii Quintiliani de institutione Oratoriâ Libri duodecim & declamationes ex recensione Ulrici Obrechti, *Argentorati* 1698. *in-quarto* 2. *vol.*

263. Quintilien de l'institution de l'Orateur traduit par Mr. l'Abbé Gedoyn, *paris* 1718. *in-quarto.*

264. Bibliotheca Rhetorum, Authore P. Gab. Francisco le Jay, *paris* 1724. *in-quarto* 2. *vol.*

265. Oeuvres de Mr. Tourreil de l'Academie Royale des Inscriptions & Belles Lettres, *paris 1721. in-quarto 2. vol.*

266. Systéme de Philosophie, par Pierre Sylvain Regis, *paris 1690. in quarto 3. vol.*

267. L'usage de la raison & de la foi, ou l'accord de la foi & de la raison, par Pierre Sylvain Regis, *paris 1704. in-quarto.*

268. Essai Philosophique concernant l'entendement humain, traduit de l'Anglois de Mr. Locke, par Pierre Coste, *Amsterd. 1700. in-quarto.*

269. De la Recherche de la Verité, par N. Malebranche, *paris 1712. in-quarto.*

270. Recueil de divers Ouvrages, Philosophiques, Theologiques, Historiques, Apologetiques, & de Critique, par le R. P. Daniel, *paris 1724. in-quarto 3. vol.*

271. Reflexions sur les Regles & l'usage de la Critique, par le R. P. Honoré de Sainte Marie, *paris 1713 in-quarto 3. vol.*

272. Harangues sur toutes sortes de sujets, avec la maniere de les composer, par Mr. de la Vaumoriere, *paris 1713. in-quarto.*

273. Recueil des Harangues prononcées par Mrs. de l'Academie Françoise, *paris 1688. in-quarto.*

274. Les Comparaisons des Grands Hommes de l'Antiquité qui ont le plus excellé dans les Belles Lettres, par le R. P. Rapin, *paris 1684. in-quarto.*

275. Panegyriques & autres Sermons préchez par Mr. Esprit Fléchier, *paris 1696. in-quarto.*

276. Recueil d'Oraisons Funebres & autres pieces, *in-quarto.*

277. Homeri Ilias &Odyssæa ex editione Jo-

suæ Barnes, *Cantabrigiæ* 1711. *in-quarto* 2.
vol.

278. Q. Horatius Flaccus ex recensione & cum
notis Richardi Bentleii. *Amstelodami* 1713.
in-quarto grand papier.

279. Quinti Horatii Flacci Opera, cum variis
Lectionibus, *Cantabrigiæ* 1699. *in-quarto
grand papier.*

280. Publii Terentii Comœdiæ, cum variis Lec-
tionibus, *Cantab.* 1701. *in-4°. grand papier.*

281. Publii Virgilii Maronis Opera, *Cantabri-
giæ* 1701. *in-quarto grand papier.*

282. Titi Lucretii Cari de rerum naturâ, Libri
sex cum variis Lectionibus, *Londini* 1712.
in-quarto grand papier.

283. Titi Lucretii Cari de rerum naturâ Libri
sex cum notis Tanaquilli Fabri. *Salmurii*
1661. *in-quarto.*

284. Catulli, Tibulli & Propertii Opera, cum
variis Lectionibus. *Cantabrigiæ* 1701. *in-
quarto grand papier.*

285. Catullus, Tibullus & Propertius ad op-
timorum exemplarium fidem recensiti, *Pa-
risiis, Coustelier*, 1723. *in-quarto, grand
papier.*

286. Albii Tibulli quæ extant, cum notis &
variis Lectionibus, *Amstelodami* 1718.
in-quarto, avec figures.

287. Sexti Aurelii Propertii Elegiarum libri
quatuor, cum notis & indicibus, *Amstelo-
dami* 1702. *in-quarto.*

288. P. Virgilii Maronis Opera cum commen-
tariis diversorum ex recensione Pancratii
Masvicii, *Leovardiæ* 1717. *in-quarto, 2. vol.*
avec figures.

289. D. Junii Juvenalis Satyræ cum commen-
tariis diversorum ex editione Casauboni.

Lugduni Batavorum, 1695. *in-quarto avec figures*.

290. Oeuvres de Nicolas Boileau Despreaux, *Paris* 1713. *in-quarto*, *grand papier*.

AUTORES AD USUM DELPHINI.
In-quarto.

291. M. Accii Plauti Comœdiæ viginti & fragmenta, cum commentariis Jacobi Operarii, in usum Serenissimi Delphini, *Parisiis* 1679. *in-quarto*, 2. *vol*.

292. P. Virgilii Maronis Opera cum interpretationibus Caroli Ruæi, in usum Serenissimi Delphini, *Parisiis*, 1682. *in-quarto*.

293. C. Valerii Catulli Opera cum interpretationibus Philippi Silvii, in usum Serenissimi Delphini, *Parisiis* 1685. *in-quarto*, 2. *vol*.

294. Titi Lucretii Cari de rerum natura libri sex, cum interpretationibus Michaëlis Fayi, in usum Serenissimi Delphini, *Parisiis* 1680 *in-quarto*.

295. Pub. Ovidii Nasonis opera, cum interpretationibus Dan. Crisp. Helvetii, in usum Serenissimi Delphini, *Lugduni* 1689. *in-quarto*, 4. *vol*.

296. Titi Livii Patavini Historia, cum interpretationibus Joannis Dujatii, in usum Serenissimi Delphini, *Venetiis*, 1714. *in-quarto*, 6. *vol*.

297. M. Manilii Astronomicôn, cum annotationibus Michaëlis Fayi, in usum Serenissimi Delphini, *Parisiis* 1679. *in-quarto*.

298. Lucii Apulei Opera, cum interpretationi-

bus Juliani Floridi , in ufum Sereniffimi Delphini, *Parifiis* 1688, *in-quarto.* ————

299. Panegyrici veteres, cum interpretationibus Jacobi de la Baune , in ufum Sereniffimi Delphini , *Parifiis* 1676. *in-quarto.*

Litterature & Philologues.
In - quarto.

300. Titi Petronii Satyricôn , cum notis Virorum doctorum , edente Petro Burmanno, *Trajecti ad Rhenum* , 1709. *in-quarto.* ————

301. Phædri Augufti Liberti Fabularum Æfopiarum libri quinque, cum notis Davidis Hoogftratani, *Amftelod.* 1701. *in - quarto,* *avec figures.* ————

302. Jugemens des Sçavans fur les principaux Ouvrages des Auteurs, par Adrien Baillet, revûs, corrigez & augmentez par Mr. de la Monnoye , *Paris* 1722. *in - quarto,* 7. *vol.* *grand papier.* ————

303. Journal des Sçavans , commençant à l'année 1665. jufques & compris le mois de Juin de l'année 1726. *Paris, in · quarto,* 53. *vol.* ————

304. Les Effais de Michel Seigneur de Montaigne , avec des notes & de nouvelles Tables des Matieres , par Pierre Cofte , *Paris* 1725. *in quarto ,* 3. *vol.* ————

THEOLOGIE,
In-octavo & in-douze.

305. **B**iblia Sacra Vulgatæ editionis, Sixti quinti Pontificis Maximi juſſu recognita, *Colonia Agrippina Egmond* 1682. *in-octavo.*

306 Eadem eædem' juſſu Cleri Gallicani edita, *Pariſiis Vitré* 1652. 8. *vol.in-douze.*

307. La Sainte Bible en Latin & en François, avec l'explication du ſens litteral & du ſens ſpirituel, par Mr. le Maiſtre de Saci, *paris* (Holl.) *in-12.* 37. *vol.*

308. La Sainte Bible en Latin & en François, avec l'explication du ſens litteral & du ſens ſpirituel, par Mr. le Maiſtre de Sacy, *in-oct.* 32. *vol.*

309. Les Pſeaumes de David en Latin & en François, avec des Reflexions morales ſur chaque verſet *paris, Oſmont* 1700. *in-12.* 3. *vol.*

310. Novum Jeſu Chriſti teſtamentum Vulgatæ editionis, cum annotationibus Henrici Holdeni, *paris, Savreux* 1660. *in-12.* 2. *vol.*

311. Le Sens propre & litteral des Pſeaumes de David expoſé briévement, *paris, Montalant* 1710. *in-12.* 2. *vol.*

312. Sacrorum Bibliorum Concordantiæ, *Colonia Agrippina Egmond* 1684. *in-octavo.*

313. Pfalterium Davidis ad exemplar Vaticanum anni 1592. *Lugduni apud Elzevirios 1653. in-douze.*

314. Novum Jefu Chrifti Teftamentum Vulgatæ editionis , *parifiis è Typographiâ Regiâ 1649. in-12. 2. vol. maroquin noir.*

315. Liber Pfalmorum Davidis Græc-Lat. ad exemplar Complutenfe, *Antuerpia , Plantin. 1684. in-12. maroquin rouge.*

316. Pfalterium Davidicum Paraphrafibus illuftratum Autore Snoygoudano , *Lugduni 1691. in-12.*

317. Liber Pfalmorum, *in-feize maroquin noir.*

318. Liber Pfalmorum, *parifiis, Leonard 1697. in-feize.*

319. Les Pfeaumes de la Confeffion du Saint Prince Dom Antoine, Roi de Portugal traduit en François par Mr. l'Abbé de Bellegarde, *paris 1718. in-feize.*

320. Pfeaumes de David traduits felon l'Hébreu & la Vulgate, *paris 1666. à trois colonnes.*

321. De Imitatione Chrifti Libri quatuor, *Lugduni Elzevir in-12. abfque anni indicio.*

322. De Imitatione Chrifti Libri quatuor; *Amftelodami , Elzevir 1679. maroquin citron.*

323. De Imitatione Chrifti Libri quatuor ex recenfione Philippi Chiffletii. *Antuerp. Plantin. 1671. in-12.*

324. De Imitatione Chrifti Libri quatuor, *paris , Leonard 1697. in-12.*

325. L'Imitation de Jefus-Chrift, traduite par le fieur de Beuil, *paris 1701. in-12.*

326. Sanctum Jefu Chrifti Evangelium, notis illuftratum, *parifiis 1701. in-12. 2. vol.*

327. Ven. Blofii Precula admodum piæ, *Montibus 1694. in-feize.*

ftudio Horftii, *Colonia - Agrippina*, 1675.
in - 12.

342. Memoriale Noviffimorum ex Scriptura
& Traditione ad ufum Sanctuarii pro fin-
gulis menfis diebus, *parifiis* 1721. *in·12,*

343. Traité de la Meffe & de l'Office divin,
par Mr. J. Grancolas, *paris* 1713. *in-12.*

344. Défenfe de la Religion Catholique con-
tre tous fes Ennemis, par Mr. le Vaffeur,
paris 1721. *in-12.*

345. Les Fondemens de la Vie fpirituelle, ti-
rez du Livre de l'Imitation de Jefus-Chrift,
par *** *paris* 1703. *in-12.*

346. Le Directeur d'un jeune Theologien,
paris 1723. *in-12.*

347. Penfées de Mr. Pafcal fur la Religion,
& fur quelques autres fujets, *Amfterdam,*
1699. *in-12.*

348. La Verité de la Religion Chrétienne,
par Mr. le Marquis de Pianeffe, *paris* 1687.
in-12.

349. Introduction à la Vie dévote, du Bien-
heureux François de Sales, *Paris, Impri-
merie Royale,* 1651. *in-octavo.*

350. De l'Immortalité de l'Ame, & de la Vie
éternelle, par Guillaume Sherlock, *Amfter-
dam* 1708. *in-octavo.*

351. Agneau Pafcal, ou Explication des Cé-
rémonies que les Juifs obfervoient en la
manducation de l'Agneau de Pâques, *Co-
logne* 1690. *in-octavo.*

352. Pratiques de pieté pour honorer le Saint-
Sacrement, *Cologne* 1683. *in-octavo.*

353. De la Mort, par Guillaume Sherlock,
traduit de l'Anglois, par David Mazel, *Am-
fterdam* 1712. *in-octavo.*

354. Les Confolations de l'Ame fidele contre

les frayeurs de la Mort, par Charles Dre-lincourt, *Amsterdam* 1714. *in-octavo.*

355. Les prétendus Réformez, convaincus de schisme, *Paris* 1684. *in-12.*

356. Theologia Patrum Scholastico-dogmatica, sed maximè positiva, de Sacramentis, Autore P. Antonio Boucat, *Paris* 1724. *in-octavo,* 13. *vol.*

357. Prælectiones Theologicæ de Deo & divinis Attributis, & de gratiâ Christi, Autore Honorato Tournely, *Paris* 1725. *in-octavo.* 4. *vol.*

358. Theologia Scholastico-positiva, Autore R. P. Francisco-Maria Assermet, *Paris* 1713 *in-octavo,* 2. *vol.*

359. Tractatus Scholastico-positivus de divinâ gratiâ, Autore R. P. Francisco-Maria Assermet, *Paris* 1715. *in-octavo,* 2. *vol.*

360. Institutiones Theologicæ ad usum Seminariorum, Autore Gaspare Juenin, *parisiis* 1701. *in-12.* 8. *vol.*

361. Manuale Theologicum, Autore R. D. Jacobo Boudart, *Lovanii* 1706. *in-12.* 6. *vol.*

362. Theologia dogmatica & moralis ad usum Seminarii Catalaunensis, *parisiis* 1717. *in-12.* 8. *vol.*

363. Institutiones Theologicæ ad usum Seminarii Pictaviensis, *Pictavii* 1717. *in-12.* 5. *vol.*

364. Theologie Morale composée par l'ordre de Monseigneur l'Evêque & Prince de Grenoble, *paris* 1708. *in-12.* 8. *vol.*

365. Liber Theologiæ Moralis viginti quatuor Societatis Jesu Doctoribus reseratus. Digestus à PP. Antonio de Escobar & Mendoza Vallis Oletani, *Lugd.* 1659. *in-octavo.*

366. Theologia Speculativa & Dogmatica, juſſu Illuſtriſſimi & Reverendiſſimi Epiſcopi Petrocorenſis ad uſum ſui Seminarii edita, *Pariſiis* 1700. *in*-12. 2. *vol.*

367. —— Eadem, tertia editio auctior, *Pariſiis* 1720. *in*-12. 4. *vol.*

368. Lettres ſur divers ſujets de morale & de pieté par l'Auteur du Traité de la Priere Publique, *Paris* 1718. *in*-12. 2. *vol.*

369. Entret. ſpirituels en forme de prieres ſur les Evangiles des Dimanches & des Myſteres de toute l'année, *Paris* 1713. *in*-12. 4. *vol.*

370. La Pratique & les Regles des Vertus Chrétiennes, par Mr. Claude le Pelletier, *Lyon* 1713. *in*-12. 3. *vol.*

371. La Religion Chrétienne autoriſée par le témoignage des anciens Auteurs Payens, par le P. Dominique de Colonia, *Lyon* 1718 *in*-12. 2. *vol.*

372. Effuſion de Cœur, ou entretien ſpirituel & affectif d'une Ame avec Dieu, par un Religieux Benedictin, *Paris* 1722. *in*-12. 4. *vol.*

373. Prieres touchantes & affectives par feu Mr. Barbé, *Paris* 1715. *in*-12. 3 *vol.*

374. Retraite pour ſe préparer à la Mort, par le R. P. Jacques Noüet, *Paris* 1684. *in*-12.

375. L'année Chrétienne, ou Abregé de la Vie des Saints, par le P. Amable Bonnefons, *Paris* 1688. *in*-16. 2. *vol.*

376. Exercices de Pieté pour tous les jours de l'année, avec la Vie de Nôtre-Seigneur Jeſus-Chriſt, par le P. Jean Croiſet, de la Compagnie de Jeſus, *Lyon* 1720. *in*-12. 17. *vol.*

377. Moralis Chriſtiana, Autore J. Beſombes, Congregationis Doct. Chriſtianæ, *Toloſæ* 1709. 8. *vol. in*-12.

THEOLOGIE, *in-octavo & in-12.*

378. Conferences Ecclesiastiques de Paris, sur le Mariage, *Paris* 1715. 5. *vol. in* 12.

379. Conferences sur l'Usure, & la Restitution, *Paris* 1718. 4. *vol. in-12.*

380. Catechisme de Bourges, par Mr. de la Chetardie, *Paris* 1708. 4. *vol. in-12.*

381. Reflexions & Retraites, par le P. Jean Croiset, de la Comp. de Jesus, *Paris* 1710. 4. *vol. in-12.*

382. Conferences Ecclesiastiques du Diocese de Luçon, sur differens sujets, *Paris* 1703. & 1721. 22. *vol. in-12.*

383. Essais de Morale, par Mr. Nicole, *Paris* 1714. & 1709. 20. *vol. in-12.*

384. Annus Apostolicus, seu Conciones F. Zachariæ la Selve, *Leodii* 1723. 9. *vol. in-12.*

385. Sermons du P. Cheminais de la Comp. de Jesus, *Paris* 1693. 3. *vol. in-12.*

386. La Science Universelle de la Chaire, ou Dict. moral, *Paris* 1708. 6. *vol. in-octavo.*

387. Sermons du Pere Bourdaloüe, de la Compagnie de Jesus, *paris* 1716. 15. *vol. in-12.*

388. Sermons de feu le R. P. Terrasson, Prêtre de l'Oratoire, *paris* 1726. 4. *vol. in-12.*

389. Sermons du P. Hubert, Prêtre de l'Oratoire, *paris* 1725. 6. *vol. in-12.*

390. Discours moraux, avec les Eloges Historiques des Saints, *Paris* 1684. & 1704. 16. *vol. in-2.*

391. Sermons sur le Carême, & les Panegyriques, par Mr. l'Abbé Boileau, *paris* 1712. 3. *vol. in-12.*

392. Sermons, par Jacques Saurin, Pasteur à la Haye, *Geneve* 1717. 5. *vol. in-12.*

393. ——— par Mr. Tillotson, Archevêque de Cantorberi, *à Amsterdam* 1722. 5. *vol. in-12.*

394. Panegyriques & autres Ouvrages de Mr. Flechier Evêque de Nismes, *paris* 8. *vol. in-12.*

395. Oraisons Funebres, de Mr. Mascaron, Evêque d'Agen, *paris* 1691. 1. *vol. in-12.*

396. ―― de Jacques Benigne Bossuet, *paris* 1691. 1. *vol. in-12.*

397. ―― de Messire Antoine Anselme, *paris* 1704. *in-12*

398. Sermons sur les Mysteres, par le R. P. François Ghauchemer, *paris* 1709. 1. *vol. in-12.*

399. ―― par feu Messire François de Salignac, Archevêque de Cambrai, *paris* 1718. *in-12.*

400. Analyse sur le Nouveau Testament, par le R. P. Mauduit Prêtre de l'Oratoire. *Rouen* 1710. 9. *vol. in-12.*

401. Differens Traitez de Theologie de Mr. W taffe, *Paris*, 15. *vol. in-12.*

402. Traité de la Confiance en Dieu, par Mgr. l'Evêque de Soissons, *Paris* 1720. *in-12.*

403. Pensées édifiantes sur la Mort, *Paris*, *Jouenne*, 1722. *in-12.*

404. Oeuvres spirituelles de Messire François de Salignac, Archevêque de Cambray, *à Anvers* 1718. 4. *vol. in-12.*

405. Réflexions Chrétiennes, par M. l'Abbé de *** Docteur en Théologie, *Rouen*, 1698 *in-12.*

406 Prieres & Instructions Chrétiennes, *Paris*, *Lottin*, 1722. *in-12.*

407. Traité de la Vérité, & de l'Inspiration des Livres du Vieux & du Nouveau Testament, par Mr. Jacquelot, *Rotterdam*, 1715. *in-12.*

408. Le Directeur des Ames pénitentes, *Paris,*
Babuty, 1721. 2. *vol. in* 12.

409. Lettres fur divers fujets de la Relgion &
de la Metaph. par Meffire François de Sali-
gnac, Archevêque de Cambray , *Paris*
1718. *in-12.*

410. Sentimens de Piété, par le même, *Paris*
1715. *in-12.*

411. La douce Mort, par le R. P. Jean Craf-
fet de la Compagnie de Jefus , *in* 12.

412. Entretiens fpirituels pour fervir de pré-
paration à la Mort, par un Religieux Bé-
nédictin, *Paris, Vincent,* 1721. *in-12.*

413. Hiftoire des Indulgences du Jubilé, *Paris*
1701. *in-12.*

414. La dévotion à N. S. Jefus . Chrift dans
l'Euchariftie, par le R. P. Vaubert , *Paris*
1711. 2. *vol. in-12.*

415. Catechifine de la Foi, fait par l'ordre de
Mgr. François de Harlay , Archevêque de
Paris , 1686. *in-12.*

416. Le Combat fpirituel , *Paris, Dupuis ,*
1699. *in-12.*

417. Pieux Sentimens des Attributs de Dieu,
Paris 1698. *in-12.*

418. La Vie des Juftes , par Mr. de Ville-
thierry, Prêtre , *Paris* 1724. *in-12.*

419. Inftruction Chrétienne fur la dévotion
à la Sainte Vierge , par le R. P. d'Orleans,
Rouen 1714 *in-12.*

420. Réflexions fur la mifericorde de Dieu,
par Madame de la Valiere , *Paris* 1712.
in - 12.

421. Exercices de Pieté pendant la Sainte
Meffe, par Mr. de la Chetardye, *Paris* 1712
in - 12.

422. Inftruction d un pere à fa fille , par Mr.
Dupuy, *Paris, Etienne* , 1717. *in-12.*

423. Conférences Ecclésiastiques du Diocèse de la Rochelle, *Châlons;* 1682. *in-12.* —)

424. Retraite spirituelle pour un jour de chaque mois, par un Pere de la Compagnie de Jesus, *Paris* 1707. *in-12.* —)

425. Maniere de réciter l'Oraison Dominicale, *paris,* Cailleau, 1721. *in-12.* —)

426. Exercices de Pieté, pour les Associez à l'Adoration perpétuelle, par le R. P. Vaubert, *paris* 1704. *in-12.* — 10

427. Breve Instruction pour parvenir surement à la perfection, *paris* 1695. *in-12.* — 10

428. Le véritable Pénitent, par Mr. Girard de Ville-Thierry, *paris* 1699. *in-12.* — 1—10

429. Traité singulier contre le Paganisme du Roi-boit, par Jean Deslions, *paris* 1706. *in-12.* — 1

430. Traité du Corps & du Sang de Notre Seigneur, composé en latin il y a plus de huit cens ans, par Ratrame, *paris* 1696. *in-12* — 1

431. Elevations & Prieres à la Sainte Vierge, pour tous les jours du mois, par Mr. Briguet, *paris* 1718. *in-12.* — 1—10

432. Le Chrétien dans la tribulation & dans l'adversité. Le Chrétien malade & mourant, *paris* 1721. *in-12.* 2. *vol.* — 3

433. Moyens de conserver les bons sentimens que la Retraite inspire, par un R. P. de la Compagnie de Jesus, *paris* 1721. *in-12.* 1—10

434. Avis & Reflexions sur les devoirs de l'Etat Religieux, par un R. P. Benedictin, *paris* 1726. 3. *vol. in-12.* 5

435. Traité de la Verité de la Religion Chrétienne, par Mr. Abbadie, *Rotterdam* 1689. 4. *vol. in-12.* — 7

436. La Verité de la Religion Catholique, par Mr. Desmahis, *paris* 1713. 4. *vol. in-12.* 3

437. Relation de la Mort de quelques Religieux de l'Abbaye de la Trappe, avec le Réglement de la même Abbaye, *paris* 1701 7. *vol. in-12.*

438. Les anciennes Liturgies, ou la maniere dont on a dit la Sainte Messe dans chaque siecle, par *** Docteur en Théologie, *paris* 1704. 3. *vol. in octavo.*

439. Le Religieux mourant, ou Préparation à la mort, pour les personnes Religieuses, par un Religieux Benedictin, *à Avignon,* 1717. 2. *vol. in-octavo.*

440. Méditations & l'homme d'Oraison, par le P. Jacques Nouet de la Compagnie de Jesus, *paris* 1704. 12. *vol. in-12.*

441. La Foi des Chrétiens & des Catholiques, par le R. P. Dez de la Compagnie de Jesus, *paris* 4. *vol. in-12.*

442. De la lecture des Peres de l'Eglise, ou Méthode pour les lire utilement, *paris* 1697. *in-12.*

443. Les Mœurs des Chrétiens, par Mr. l'Abbé Fleury, *paris* 1712. *in-12.*

444   des Israëlites, par le même, *paris* 1712. *in-12.*

445. La Régie des mœurs contre les fausses maximes de la Morale corrompue, *à Cologne,* 1691. *in 12.*

446. La véritable croyance de l'Eglise, fondée sur l'Ecriture Sainte, *paris* 1720. *in-12.*

447. Mouaacah Ceinture de douleur, par Rabbi Ismaël Ben-Abraham, *paris* 1723. *in-12.*

448. Le Directeur dans les voyes du Salut, *paris* 1718. *in-12.*

449. Histoire des Flagellans, où l'on fait voir le bon & le mauvais usage des Flagel-

lations parmi les Chrétiens, par Mr. l'Abbé Boileau, *Amsterdam* 1701. *in* 12.

450. Traduction du Livre de Saint Augustin, des Mœurs de l'Eglise Catholique, *paris* 1657. *in-16.*

451. Le livre de Saint Augustin, de la Foi, de l'Esperance, & de la Charité, par Mr. Arnaud, *paris* 1685. *in-16.*

452. Traduction du Livre de Saint Augustin, de la Correction & de la Grace, par A. Arnaud, *paris* 1685. *in-16.*

453. Le Livre de Saint Augustin de la veritable Religion, par M. Antoine Arnaud, *paris* 1685. *in-16.*

454. Les Soliloques, les Meditations, & le Manuel de Saint Augustin, traduit par Mr. Dubois, *paris* 1700. *in-12.*

455. Les Soliloques, le Manuel & les Méditations de Saint Augustin, *paris* 1665. *in-12.*

456. Le veritable Esprit des nouveaux Disciples de Saint Augustin, *Bruxelles* 1706. 3. *vol. in-12.*

457. Dissertation Theologique sur cet axiome de Saint Augustin, *quod amplius non delectat. paris* 1714. *in-12.*

458. Augustini Episcopi Hypp. Opuscula Selecta. *Lut. Parisiorum,* 1713. *in-12.*

459. Apologétique de Tertulien, *paris* 1715. *in-12.*

460. Apologetique de Tertulien, par Mr. Giry, *paris* 1684 *in-12.*

461. De l'Imitation de N. S. Jesus-Christ, par un R. P. Benedictin, *paris, Vincent* 1722. *in-12.*

462. Les deux Livres de Saint Augustin, de la Predestination des Saints & du Don de la Perseverance, *paris, Delaune* 1715. *in-12.*

463. D. Aurelii Augustini Hipp. Episcopi Libri XIII. Confessionum , *Lugduni , apud D. Elsevirium 1675. in-12.*

464. Dell' Imitatione di Christo, *Parrigi 1675. in-18.*

465. D. Aurelii Augustini Hipp. Episcopi, Libri XIII. Confessionum, *Colonia Agrippina Egmont 1633. in-24.*

466. D. Aurelii Hippon. Episcopi, Meditationes, Soliloquia & Manuale , *Colonia Agrippina Egmont 1629. in-32.*

467. Viator Christianus, Autore Merlo Horstio , *in-24. Colonia Agripp. 1670.*

468. Exposition de la Doctrine de l'Eglise Catholique , par M. Jacques Benigne Bossuet, *paris 1686. in-12.*

469. La veritable Religion cherchée & trouvée , *paris 1707. in-12.*

470. Introduction à la Philosophie, ou de la connoissance de Dieu & de soi-même, *paris Horthemels 1722. in-12.*

471. Le Theologien dans les conversations, *Lyon 1696. in-12.*

472. Conformité de la Foi avec la raison , ou défense de la Religion contre les principales difficultez répandues dans le Dictionnaire Critique de Mr. Bayle , *Amsterdam 1705. in-12.*

473. Les Apophthegmes ou les belles paroles des Saints, *paris 1721. in-12.*

474. La vérité de la Religion Chrétienne démontrée par ordre Geometrique, par Mr. Denise, *paris 1717. in-12.*

475. Lettres de Mr. Godeau, Evêque de Vence, *paris 1713. in-12.*

476. Traité des Scrupules, par Mr. Dugué, *paris 1717. in-12.*

477. Traitez sur la Priere publique, par Mr.
Dugué, *paris* 1708. *in-12.*

478. Lettres sur divers sujets de morale & de
pieté, par le même, *paris* 1708. *in-12.*

479. Traité de la Priere, par Mr. Nicole, *paris*
1702. *in-12. les 2. tomes en un vol.*

480. Analyse de l'Ecriture Sainte, ou idée de
la Sainte Bible, *paris* 1724. *in-12.*

481. Lettre de R. Ismaël de Ben-Abraham Juif
converti, à Mr. l'Abbé Houteville, *par.* 1721.

482. Les Lettres de Saint Paulin, Evêque de
Nole, traduites en François, *paris* 1703.
in-octavo.

483. Les Lettres de Saint Bernard, avec les
notes d'Horstius & Dom Mabillon, tradui-
tes en François, par Mr. de Villefort, *paris*
1715. 2. *vol. in-octavo.*

484. Les Lettres de Saint Bernard, traduites
en François, sur l'édition nouvelle des Peres
Benedictins, *paris* 1702. *in octavo* 2. *vol.*

485. Les Epîtres de Saint Jérôme, traduction
nouvelle, *paris* 1702. *in-octavo.*

486. Les Lettres de Saint Jérôme, traduites en
François, par D. Guillaume Roussel, Reli-
gieux Benedictin, *paris* 1704 3. *vol. in oc-
tavo.*

487. Comes Senectutis, *parisiis* 1709. *in-12.*

488. Petri Pithœi Comes Theologus, *parisiis*
1696. *in-12.*

489. Conduite Chrétienne, par le R. P. Fran-
çois Neveu, *paris* 1704. *in-12.*

490. L'Echelle Sainte de Saint Jean Climaque,
traduite en François par Mr. Arnaud, *paris*
1670. *in-12.*

491. Principes & sentimens de Penitence, *pa-
ris* 1725. *in-12.*

492. Critique de l'Histoire des Flagellans, par

—— J. B. Thiers, *paris* 1703. *in-12.*

493. Traité des Superstitions selon l'Ecriture Sainte, par le même, *paris* 1697. *in-12.* 4. vol.

494. Traité des Jeux & des Divertissemens, par le même, *paris* 1686. *in-12.*

495. Traité de la cloture des Religieuses, par le même, *paris* 1681. *in-12.*

496. Histoire des Perruques, par le même, *Paris* 1690. *in-12.*

497. Dissertations sur les principaux Autels, les Jubez & la clôture du chœur des Eglises, par le même, *Paris* 1688. *in-12.*

498. Traité de l'Exposition du S. Sacrement de l'Autel, par le même, *Par.* 1679 *in-12.* 2. vol.

499. Dissertation sur les Porches des Eglises, par le même, *Orleans* 1679. *in-12.*

500. Factum pour Mr. J. B. Thiers, contre le Chapitre de Chartres, *in-12.*

501. Traité des Cloches & de la Sainteté de l'Offrande, par le même; *Paris.* 1721. *in-12.*

502. Dissertation pour la défense des deux Saintes Marie Magdelaine & Marie de Bethanie, *Paris* 1685. *in-12.*

503. Les Conseils de la Sagesse, ou Recueil des Maximes de Salomon, *Paris* 1705. *in-12* 2. vol.

504. Le Catechisme du Concile de Trente, *Paris* 1701. *in-12.*

505. Catechismus ex Decreto Concilii Tridentini ad Parochos, *Paris* 1650. *in-12.*

506. Concilium Tridentinum cum præfatione Philippi Chiffletii, *Antuerpia*, *Plantin*, 1640. *in-12.*

507. Catechismus Concilii Tridentini, *Colonia* Egmond,

Egmond, 1687. *in-12.*

508. Concilium Tridentinum , *Antuerpiæ,*
1565. *in* 12.

509. Thesauri sacrorum rituum Epitome ,
Autore Claudio Arnaud, *Paris* 1680. *in-12*

510. Histoire abregée du Kouakerisme , *Co-
logne* 1692. *in-12.*

511. Instructions, Pratiques & Prieres pour
la dévotion au sacré Cœur de Jesus, *Paris*
1715. *in-12.*

512. Histoire des mouvemens arrivez dans
l'Eglise au sujet d'Origene, par le R. P.
Doucin, *Paris* 1700. *in-12.*

513. Apologie du Banquet sanctifié de la
veille des Rois, par Mr. Barthelemi , *Paris*
1664. *in-12.*

514. Traité de la difference du tems de l'E-
ternité, traduit de l'Espagnol, par le R. P.
Jean Brignon, *Trevoux* 1713.

515. Instructions du Rituel d'Alet , *Paris*
1670. *in-12.*

516. Manuel des Cérémonies Romaines, par
les Prêtres de la Congrégation de L. M.
Paris 1670. *in-12.*

517. Régles pour l'intelligence des Saintes
Ecritures, *Paris* 1716. *in-12.*

518. Drexelii Opera varia, *Antuerpiæ,* *in-24*
31. *vol.*

519. Bellarmini Opuscula , scilicet de gemitu
Columbæ , de arte bene moriendi *in-24.*
4. *vol.*

520. Breviarium Romanum, *Antuerpiæ* 1705
in-12. 4. *vol. mar. noir.*

521. Eucologe , ou Livre d'Eglise à l'usage de
Paris, *Paris* 1709. *in-12. mar. noir.* 2. *vol.*

522. Horæ divinæ Breviarii Romani , *Paris*
1700. *in-16. maroquin noir.*

E

523. Horæ diurnæ Breviarii Romani, *Parisiis* 1711. *in-12. maroquin noir.*

524. Missale Romanum ex Decreto Concilii Tridentini, *Parisiis* 1684. *in-12. maroquin noir.*

525. Pontificale Romanum *Colonia Agrippina* 1682. *in-12.*

526. Rituale Romanum , *Lugduni* 1704. *in-12.*

527. Breviarium Monasticum ad usum Ordinis Cluniacensis, *Parisiis* 1686. *in-octavo.*

528. Horæ diurnæ Breviarii Cluniacensis , *Parisiis* 1714. *in-16.*

529. Breviarium Ordinis B. Mariæ Virginis de Monte Carmelo, *Parisiis* 1714. *in-16.* 4. *vol. maroquin noir.*

530. Heures Chrétiennes , ou Paradis de l'Ame, par Horstius, *Paris* 1715. *in-16.* 2. *vol.*

531. Officium B. Mariæ Virginis, *Lugduni* , 1695. *in-12.*

532. Office dressé à l'honneur de l'état & des grandeurs suprêmes de Jesus, *paris* 1641. *in-24.*

533. L'Offitio della Sancta Vergine in Italiano tradotto dal Signor M. Angelo Pronetti, in Pariggi 1689. *in-16. maroquin noir.*

534. Sainte Messe, ou Ordinaire de la Messe orné d'estampes , *Paris* 1722. *in-12.*

535. Explication simple, litterale & historique des Cérémonies de l'Eglise , par Dom Claude de Vert , *paris* 1709. *in-octavo* 4. *volumes.*

536 Explication des Cérémonies & des Offices de l'Eglise , avec leur origine & antiquité, par le P. Epiphane Frenicle, *paris* 1657. *in-12.* 3. *vol.*

537. Traité Historique de la Liturgie Sacrée, ou de la Messe, par Mr. Bocquillot, *Paris* 1701. *in-octavo.*

538. Les Offices propres de Sainte Genevieve, avec les cérémonies & prieres qui se font en la Descente & Procession de sa Chasse, *Paris* 1695. *in-octavo.*

539. Réponse aux questions d'un Provincial, par Mr. Bayle, *Rotterdam* 1704. *in-octavo* 5. *vol.*

540. Histoire de la Vie & des Ouvrages de Mr. Arnaud, *Liege* 1697. *in-12.*

541. Lettres d'un Abbé à un Evêque ; où l'on démontre l'équité de la Constitution *Unigenitus, Paris* 1715. *in 12.*

541. * L'Esprit de Gerson, 1691. *in-12.*

542. Paradisus animæ Christianæ, autore Jacobo Merlo Horstio, *Colonia Agrippina* 1670. *in-octavo.*

543. Recueil Historique des Bulles, Constitutions, Brefs, Decrets & autres Actes, concernant les erreurs de ces deux derniers siecles, *Mons* 1710. *in octavo.*

544 Sermons du P. de la Ruë, pour l'Avent, *Paris* 1719. *in-octavo* 4. *vol.*

545. Opuscula Spiritualia Joannis Bonæ Cardinalis, *Parisiis* 1667. *in-octavo* 3. *vol.*

546. L'Esprit de David , ou traduction des cent cinquante Pseaumes, avec des Reflexions morales, par Mr. le Noble , *Paris* 1706. *in-octavo.*

547. Theologia ad usum Scholæ accommodata, autore Nicolao l'Herminier, *Parisiis* 1709. *in-octavo* 7. *vol.*

548. L'Office du Saint Sacrement, en Latin & en François, *Paris* 1681. *in-octavo* 2. *vol.*

549. Les Lettres de Saint Augustin , traduites

en François par Mr. du Bois , *Paris* 1701. *in-octavo* 6. *vol.*

550. Reflexions de Saint Augustin sur la Vie de Jesus-Christ , *Paris* 1683. *in-octavo.*

551. Les deux Livres de Saint Augustin, de la veritable Religion , & des Mœurs de l'Eglise Catholique, de la traduction de Mr. du Bois, *Paris* 1690 *in-octavo.*

552. La Cité de Dieu de Saint Augustin , traduite en François , *Paris* 1693. *in-octavo* 2. *vol.*

553. Sermons de Saint Augustin sur les Pseaumes , traduits en François , *Paris* 1683. *in-octavo* 7. *vol.*

554. Les Oeuvres de Grenade , de la traduction de Mr. Girard , *Paris , le Petit* 1676. *in-octavo* 10. *vol.*

555. Traité de l'Office Divin pour les Ecclesiastiques & les Laïques , par le R. P. Louis Thomassin , *Paris* 1693. *in-octavo.*

556. Traitez Historiques & Dogmatiques sur divers points de la Discipline de l'Eglise & de la Morale Chrétienne, par le P. Louis Thomassin , tome second , contenant un traité des Fêtes de l'Eglise , *Paris* 1683. *in-octavo.*

DROIT CANON ET CIVIL,
in-octavo & in-12.

557 **N**Ova & Methodica institutio num Juris Canonici tractatio , autore Josepho

de Ferriere, *Parisiis* 1711. *in-12.*

558. Institutiones Juris Canonici ad usum studioforum Juris, *Parisiis* 1696. *in-18.* ———

559. Institutiones Juris Canonici Joannis-Pauli Lancelotti, cum notis Doujatii, *Parisiis* 1685. *in-12.* 2. *vol.* ———

560. Histoire du Droit Canonique & du Gouvernement de l'Eglise, par M *** Avocat en Parlement, *Paris* 1720. *in-12.* ———

561. Maximes du Droit Canonique de France, par Mr. du Bois, avec les Observations de Mr. Simon, *Paris* 1703. *in-12.* 2. *vol.* ———

562. Institution au Droit Ecclesiastique, par Mr. l'Abbé Fleury, *Paris* 1711. *in-12.* 2. *vol.* ———

563. Institution au Droit François, par Mr. d'Argou, *Paris* 1710. *in-12.* 2. *vol.* ———

564. Les Instituts du Droit François, par Mr. Claude Ferriere, *Paris* 1701. *in-12.* 2. *vol.* ———

565. Traité des Contrats de Mariage, par Mr. du Perray, *paris* 1722. *in-12.*

566. Traité des Dispenses de Mariage, de leur validité ou invalidité, par le même, *Paris* 1719 *in-12.* ———

567 Traité des Patrons & Curez Primitifs, de leurs Charges & de celles des Décimateurs, par le même, *Paris* 1722. *in-12.* ———

568. Traité Historique des Excommunications; dans lequel on expose l'ancienne & la nouvelle discipline de l'Eglise au sujet des Excommunications & des autres Censures, *Paris* 1715. *in-12.* ———

569. Histoire du Droit Romain, par Mr. de Ferriere, *Paris* 1718. *in-12.*

570. Histoire de l'origine & du progrès des revenus Ecclesiastiques, par Jerôme Acosta, *Basle* 1706. *in-12.* 2. *vol.* ———

571. Traité des Benefices de Fra-Paolo-Sarpi, *Amsterdam* 1699. *in-12.*

572. Notes & observations sur l'Edit de 1695. concernant la Jurisdiction Ecclesiastique, par Mr. du Perrai, *Paris* 1723. *in-12. 2. vol.*

573. Dissertation sur les pensions selon les libertez de l'Eglise Gallicane, *Rouen* 1671. *in-12.*

574. F ctum pour les Religieuses de Sainte Catherine l s Provins, contre les PP. Cordeliers, *Doregnal* 1679. *in-12.*

575. Traité Théologique sur l'autorité & l'infaillibilité des Papes, par Dom Mathieu Petit-Didier, *Luxembourg* 1724. *in-12.*

576. Traité des Excommunications & Monitoires, par Jacques Eveillon, *Paris* 1712. *in-12. 2. vol.*

577. Ant. Perezius in institutiones Juris Civilis, *Amstelodami, Elzevir* 1652. *septima editio. in-12.*

578. ―――― Idem, *Amstelodami, Elzevir* 1662. *editio nona in-12.*

579. Institutiones Justiniani, *Amstelodami, Elzevir* 1664. *in-16.*

580. Nouvelle Institution Coutumiere, qui conti nt les regles de tout le Droit Coutumier, par Mr. de Ferriere, *Paris* 1692. *in-12. 3. vol.*

581. Le Praticien Universel, ou le Droit François & la pratique de toutes les Jurisdictions du Royaume, *Paris* 1703. *in-12. 5. vol.*

582. La Souveraineté des Rois, défendue par le P. Quesnel, contre l'Histoire Latine de Melchior Leydeker, par lui appellée Histoire du Jansenisme, *Paris* 1712. *in-12.*

583. Nova & Methodica Juris Civilis tractatio, autore Claudio Josepho de Ferriere, *Parisiis* 1702. *in-12. 2. vol.*

584. P. Pithœi Comes Juridicus, *Parisiis* 1711.
in-12.

585. Reflexions sur le Plaidoyer de Mr. Talon,
touchant la Bulle de N. S. Pere le Pape, *Cologne* 1688. *in* 12.

586. Traité de la Chambre des Comptes, de
ses Officiers & des matieres dont elle connoît, *Paris* 1702. *in* 12.

587. Instructions pour dresser les procedures
des procès Civils , par Mr. Ricard, *Paris*
1721. *in-12.*

588. Recueil general des pieces contenues au
procès de Mr. le Marquis de Gesvres, & de
Mademoiselle de Mascranni son épouse, *Rotterdam* 1714. *in-12.* 2. *vol.*

589. Hug. Grotii de jure belli ac pacis Libri
tres, cum notis Joann. Frid. Gronovii, *Amstelod.* 1712. *in-octavo.*

590. Le Droit de la Guerre & de la Paix , par
Grotius, traduit du Latin en François par
Mr. de Courtin , *la Haye* 1703. *in-12.* 3. *vol.*

591. Traité de la Majorité de nos Rois & des
Regences du Royaume, par Mr. Dupuy,
Amsterdam 1722. *in-octavo* 2. *vol.*

592. Memoire pour diminuer le nombre des
Procès, par Mr. l'Abbé de Saint Pierre, *Paris* 1725. *in* 12.

593. Essais de Jurisprudence , *Paris* 1694. *in*-
12.

594. Playdoyers de Mr. Errard , Avocat en
Parlement, *Paris* 1696. *in-octavo.*

595. Traité de l'autorité des Rois , touchant
l'administration de l'Eglise, par Mr. Talon,
Amsterdam 1700. *in-octavo.*

596. Traité des Droits honorifiques des Seigneurs dans les Eglises, par Mr. Mareschal,
avec de nouvelles observations, par Mr.

Danty, *Paris 1705. in-12. 2. vol.*

597. Coutume de Paris, avec les Notes de Mr.
Dumoulin, & les Observations de Mrs.
Tourner, Joly & Labbé, revûë, corrigée
augmentée par Mr. *** Avocat en Parle-
ment, *Paris 1691. in-12. 2. vol.*

598. Commentaire sur la Coutume de Paris,
par Mr. Claude de Ferriere, revû, corrigé
& augmenté par M. I. P. S. D. Avocat en
Parlement, *Paris 1704. in-12. 2. vol.*

599. Texte des Coutumes de la Prevôté & Vi-
comté de Paris, avec des notes, par Mr. Eu-
sebe de Lauriere, *Paris 1699. in-12.*

600. Coutume de Paris, mise en un nouvel or-
dre, par Mr. le Masson, *Paris 1703. in-
12.*

601. Observation Analytique sur la Coutume
de Paris, par Mr Pithou, *Paris 1680. in-
16.*

602. La conciliation des Articles de la Cou-
tume de Paris, par Mr. des Maisons, *Pa-
ris 1662. in-12.*

603. Texte de la Coutume de Paris, avec les
sommaires des Articles, *Paris 1669. in-
24.*

604. Ordonnances de Louis XIV. pour les
Gabelles, pour les Eaux & Forests, pour
la Marine, pour les Marchands, pour la ré-
formation de la Justice, pour les matieres
Civiles, pour les matieres Criminelles, *Pa-
ris in-24. 7. vol.*

605. Nouvelle introduction à la Pratique, par
Mr. de Ferriere, *Paris 1724. in-12. 2. vol.*

HISTOIRE ECCLESIASTIQUE.
In-octavo & in-douze.

606. Histoire de l'Eglise, par Mr. Antoine Godeau, *paris 1696. in-12. 6. vol.*

607. Histoire de l'Eglise en abregé depuis le commencement du Monde jusqu'à présent, par Mr. Louis - Ellies du-Pin, *paris 1719. in-12. 4. vol.*

608. Histoire Ecclesiastique pour servir de continuation à celle de Mr. l'Abbé Fleury, *tomes 21. & 22. paris 1726. 2. vol. in - 12. en 4.*

609. Bibliotheque des Auteurs Ecclesiastiques contenant l'histoire de leur vie, &c. par Mr. Louis-Ellies du-Pin, *paris 1698. in-octavo, 49. vol.*

610. Histoire sacrée de Sulpice Severe, de la traduction de L. Giry, *paris 1659. in 12.*

611. Discours sur l'histoire de la vie des Saints, par Mr. Adrien Baillet, *in-octavo.*

612. Les Vies des Saints, composées sur ce qui nous est resté de plus autentique & de plus assuré dans leur histoire, par Mr. Adrien Baillet, *paris 1704. in-octavo, 17. volumes.*

613. Les Vies des Saints, & l'histoire des Fêtes & des Mysteres de l'Eglise, par Mr. Adrien Baillet, *paris 1710. in-octavo, 4. vol.*

614. La Vie de Jesus-Christ, tirée des quatre Evangelistes, par le R. P. Bernardin de Montreuil, revuë par le P. Brignon, *Lyon 1704. in-12. 3. vol.*

615. Histoire de la Vie & des Miracles de Jesus-Christ, par le R. P. Dom Augustin Calmet, *paris* 1720. *in*-12.

616. La Vie de Notre Seigneur Jesus-Christ, par le R. P. Jean Croiset, *Lyon* 1723. *in*-12.

617. La Vie de Jesus dans les Saints, selon l'ordre & le rang que l'Eglise leur donne dans le Calendrier Romain, par le R. P. Jacques Nouet, *paris* 1711. *in*-12. 2. *vol.*

618. La Vie du vénérable frere François de l'Enfant Jesus, traduite de l'Espagnol par le R. P. Cyprien de la Nativité, *paris* 1647. *in-octavo.*

619. La Vie de saint Paul, par Mr. Godeau, *Lyon* 1685. *in*-12.

620. La Vie de saint Paulin, avec des dissertations, des éclaircissemens & des remarques, *paris* 1703. *in-octavo.*

621. La Vie de Salomon, par Mr. l'Abbé Choisy, *paris* 1687. *in-octavo.*

622. La Vie de saint Philippe Neri, traduite de l'Italien de Pierre Jacques Bacci Aretin. *Chartres.* 1685. *in-octavo.*

623. Abregé de la Vie de saint Jean de Dieu, *paris* 1707. *in*-12

624. La Vie de Rufin Prêtre de l'Eglise d'Aquilée, *paris* 1724. *in*-12. 2. *vol.*

625. La Vie & les Miracles de S. Nicolas Archevêque de Myre, traduite d'Italien en François, *Fribourg* 1711. *in*-12. 2. *vol.*

626. Histoire de la Vie de saint Remy Archevêque de Rheims, par le P. Jean Dorigny, *paris* 1714. *in*-12.

627. La Vie de saint Gaëtan Instituteur de la Congrégation des Théatins, par le P. Bernard, *paris* 1698. *in*-12.

628. Les Vies de saint Prudence, Evêque de Troies, & de sainte Maure Vierge, *paris* 1725. *in-12.*

629. La Vie du Vénérable Frere Fiacre, contenant plusieurs traits d'Histoire, & faits remarquables arrivez sous les Regnes de Louis XIII. & Louis XIV. *paris* 1722. *in-12.*

630. La Vie du R. P. Dom Armand le Bouthillier de Rancé, Abbé de la Trappe, par Dom Pierre le Nain, 1715. *in-12.* 3. *vol.*

631. La Vie de saint François de Paule, Fondateur des Minimes, par le P. François Giry, *paris* 1699. *in-12.*

632. Abregé de la Vie de Dom Mabillon, par Dom Thierry-Ruinart, *paris* 1709. *in-12.*

633. La Vie de saint François de Sales, Evêque de Genéve, par Mr. Marsollier, *paris* 1701. *in-12.* 2. *vol.*

634. La Vie de saint Irenée second Evêque de Lyon, *paris* 1723. *in-12.* 2. *vol.*

635. La Vie du P. Edmond Auger, par le P. Jean Dorigny, *Lyon* 1716. *in-12.*

636. La Vie du P. Antoine Possevin, où l'on voit l'Histoire des importantes négociations ausquelles il a été employé en qualité de Nonce de Sa Sainteté en Suede, en Pologne & en Moscovie, &c. par le P. Dorigny, *paris* 1712. *in-12.*

637. La Vie du Bienheureux Louis de Gonzague, par le P. Pierre Joseph d'Orleans, *paris* 1712. *in-12.*

638. La Vie du R. P. Pierre Canisius, par le R. P. Dorigny, *paris* 1707. *in-12.*

639. La Vie de Godefroy Hermant, par Mr. Adrien Baillet, *Amsterdam* 1717. *in-12.*

640. La Vie d'Edmond Richer, Docteur de

60 HIST. ECCL. &c. *in-octavo & in-12.*
Sorbonne, par Mr. Adrien Baillet, *Liege*
1714. *in-12.*

641. La Vie de la Vénérable Mere de Chantal,
par Mr. Marſollier , *paris* 1717. *in* 12. 2.
volumes.

642. La Vie de Mr. le Nain de Tillemont ,
avec des Reflexions ſur divers ſujets de Mo-
rale , & quelques Lettres de picté, *Cologne,*
1711. *in-12.*

643. La Vie du Pape Sixte Cinquiéme, tra-
duite de l'Italien de Leti, par Mr. le Pelle-
tier, *paris* 1714. *in-12.* 2. *vol.*

644. La Vie du P. Paul de l'Ordre des Servi-
teurs de la Vierge, traduite de l'Italien, par
F. G. E. A. P. D. B. *Amſterdam* 1 6 6 3.
in - 16.

645. Abregé des Vies de ſaint Ignace , de
ſaint François Xavier & du Bienheureux
Louis de Gonzagues, par la Sœur Marie
Marthe Doujat Urſuline , *paris* 1682.
in-24.

646. La Vie du Bienheureux Robert d'Ar-
briſſelles Fondateur de l'Ordre de Fonte-
vrauld, par le P. Sebaſtien Ganot, *laFléche,*
1648. *in-12.*

647. La Vie de Dom Pierre le Nain Reli-
gieux de la Trappe, par Mr. D *** *paris*
1715. *in-12.*

648. De la Sainteté & des devoirs de la Vie
Monaſtique, par Mr. l'Abbé de la Trappe,
paris 1684. *in-12.* 3. *vol.*

649. Hiſtoire de Tertullien & d'Origenes ,
par le ſieur de la Motthe , *paris* 1675. *in-*
octavo.

650. Hiſtoire des Juifs, de Joſeph , traduite
par Mr. Arnaud d'Andilly, *paris* 1706. *in-*12
5. *vol.*

651.

651. Histoire des Juifs depuis Jesus - Christ jusqu'à présent, pour servir de continuation à l'histoire de Joseph, par Mr. Basnage, *la Haye* 1716. *in-12.* 15. *vol.* —— 25

652. Histoire des Juifs depuis Jesus - Christ jusqu'à présent, contenant les dogmes des Juifs; leur confession de foi, leurs variations & l'histoire de leur Religion depuis la ruine du Temple, pour servir de supplément & de continuation à l'histoire de Joseph, *Paris* 1710. *in-12.* 7. *vol.* —— 12

653. Histoire des Juifs & des Peuples voisins depuis la décadence des Royaumes d'Israël & de Juda, jusqu'à la mort de Jesus-Christ, par Mr. Prideaux, *Amsterdam* 1722. *in-12.* 5. *vol. avec figures.* —— 25

654. Reflexions sur l'histoire des Juifs, pour servir de preuves à la verité de la Religion Chrétienne, par Mr. J. P. *Geneve* 1721. *in-12.* 2. *vol.* —— 3

655. Cérémonies & coutumes qui s'observent aujourd'hui parmi les Juifs, traduites de l'Italien de Léon de Modene, par le sieur de Simomville, *paris* 1710. *in-12.* —— 1-10

656. Histoire des Papes, où l'on voit ce qui s'est passé de plus remarquable pendant leur pontificat, depuis saint Pierre jusqu'à Clement XI. *Lyon* 1703. *in-12.* 2. *volumes.* —— 2

657. Histoire des Ordres Religieux & des Congrégations Régulieres & Séculieres de l'Eglise, par Mr. Hermant, *Rouen* 1710. *in-12.* 4. *vol.* —— 5

658. Histoire des Religions & Ordres Militaires de l'Eglise, & des Ordres de Chevalerie, par le même, *Rouen*, 1698. *in-12.* —— 1-10

659. La République des Hébreux & les An-

tiquitez Judaïques, par Mr. Basnage, *Amsterdam* 1705. *& suivantes in-octavo* 5. *vol. avec figures.*

660. Lettres édifiantes & curieuses , écrites des Missions étrangeres par quelques Missionnaires de L. C. D. J. *Paris* 1707. *in-12.* 15 *vol.*

661. Nouveaux Memoires des Missions de la Compagnie de Jesus, dans le Levant, *in-12. Paris* 1723. 5. *vol.*

662. La Religion ancienne & moderne des Moscovites, *Amsterdam* 1698. *in-12. avec figures.*

663. Exposition Historique de toutes les hérésies & les erreurs que l'Eglise a condamnées sur les matieres de la grace & du libre arbitre, *Paris* 1714. *in-12.*

664. Relation contenant la description de l'Abbaye de la Trappe, *Paris* 1703. *in-12.*

665. Reglemens Generaux pour l'Abbaye de la Trappe, par D. Jean Armand Bouthilier, *Paris* 1701. *in-12.* 2. *vol.*

666. Relation de la mort de quelques Religieux de la Trappe , *Paris* 1701. 5. *vol. in-12.*

667. M. Minucii Felicis Octavius, cum integris observationibus N. Rigaltii & Selectis aliorum, recensuit & notas adjecit Jo. Davisius, *Cantabrigiæ* 1716. *in octavo.*

668. L'Octavius de Minutius Felix, traduit par Mr. d'Ablancourt, *Paris* 1677. *in-12.*

669. L'Histoire des Religions de tous les Royaumes du Monde , par Jovet, *Paris* 1710. 4. *vol. in-12.*

670. Histoire des Conclaves, depuis Clement V. jusqu'à present, *Cologne* 1703. *in-12.*

671. Le Conclave d'Alexandre VII. *Cologne* 1667. *in-24.*

672. L'Origine des Cardinaux du Saint Siege, *Cologne* 1712. *in-*12.

673. Critique Generale de l'Histoire du Calvinisme, de Mr. de Maimbourg, *Villefranche* 1684. 4. *vol. in-*12.

674. Histoire de l'heresie de Viclef, Jean Hus & Jérôme de Prague, *Lyon* 1682. *in-*12.

675. Histoire de l'Inquisition & de son origine, *Cologne* 1693. *in-*12.

676. Histoire de l'Eglise Grecque & de l'Eglise Armenienne, *Amsterdam* 1710. *in-*12.

677. Histoire des Conciles, par Mr. Hermant, *Rouen* 1704. 4. *vol. in-*12.

677.* ―――― des Conciles generaux, *Paris* 1699. *in-*12. 2. *tomes en un vol.*

678. Histoire des Anabaptistes, *Amsterdam* 1699. *in -* 12.

679. Ceremonies Funebres de toutes les Nations, par le sieur Muret, *Paris* 1675. *in-*12.

680. Recueil de Lettres Critiques sur les Vies des Saints du sieur Baillet.

681. La Regle de Saint Benoist, expliquée selon son veritable sens, par Mr. l'Abbé de la Trappe, *Paris* 1703. 2. *vol. in-*12.

682. Regles de la Congregation de Nôtre-Dame, *paris* 1674. *in-*12.

Histoire Grecque & Romaine.
In-octavo & in-12.

683. ANtiquitatum Græcarum, præcipuè Atticarum descriptio brevis, *Francquera* 1714 *in-*12.

684. De Romanâ Republicâ, sive de re Militari & Civili Romanorum, Autore P. J. Cantelio, *Ultrajecti* 1707. *in-12. avec figures.*

685. C. Suetonius Tranquillus, ex recensione G. Grævii, *Amstelod.* 1697. *in-12.*

686. Caius Suetonius Tranquillus, *Parisiis* 1644. *è Typographiâ Regiâ in-12.*

687. Les Vies des Grands Capitaines de la Grece, de Cornelius Nepos, traduites en François, *Paris* 1715. *in-12.*

688. Cornelii Nepotis Excellentium Imperat. vitæ, *Londini* 1715. *in-12.*

689. C. Julii Cesaris & A. Hirtii de rebus à C. Julio Cæsare gestis commentarii, *Londini* 1716. *in-12.*

690. Quinti Curtii Rufi de rebus gestis Alexandri Magni Libri, *Londini* 1716. *in-12.*

691. Justini Historiarum ex Trogo Pompeio, Libri XLIV. *Londini* 1713. *in-12.*

692. L. Annæus Florus, cui subjungitur Luci Ampelii Liber memorialis, *Lond.* 1715. *in-12.*

693. C. Salustii Crispi quæ extant, *Londini* 1713. *in-12.*

694. M. Velleii Paterculi Historiæ Romanæ quæ supersunt, *Londini* 1713. *in-12.*

694.* Antiquitates Romanæ Kippingii, *Lugd. Batav.* 1713. *in-octavo, avec figures.*

695. Titi Livii quod exstat, recensuit & notulis auxit Joannes Clericus, *Amstelodami* 1710. 10. *vol. in-12.*

696. Les Decades de Tite-Live, avec les supplemens, traduits par Mr. Durier, *Amsterdam* 1700. 8. *vol. in-12.*

697. Les Histoires de Polybe, de la traduction de Mr. Durier, *Paris* 1670. 3. *vol. in-12.*

698. Les Histoires d'Herodote, traduites en

François pa Mr. Durier, *Paris 1677. 3. vol. in-12.*

699. Histoire de Thucydide, traduite en François par Mr. d'Ablancourt, *Paris 1671. 3. vol in-12.*

700. Quinte-Curce de la Vie & des Actions d'Alexandre le Grand, traduit par Mr. de Vaugelas, *Paris 1680. 2. vol. in-12.*

701. Histoire de l'Empire Ottoman, traduite de l'Italien de Sagredo, par Mr. Laurent, *paris 1724. 5. vol. in-12.*

702. La Retraite des dix mille de Xenophon, traduite par Mr d'Ablancourt, *paris 1706. in-12.*

703. La Cyropœdie ou l'Histoire de Cyrus, traduite du Grec de Xenophon, par Mr. Charpentier, *à la Haye 1712. in-12.*

704. Histoire d'Herodien, traduite du Grec en François, avec des remarques, *paris 1700. in-12.*

705. Abregé nouveau de l'Histoire generale des Turcs, par Mr. Vancl, *paris 1689. 4. vol. in-12.*

706. Histoire de l'état present de l'Empire Ottoman, par Mr. Briot, *Amsterdam 1670. in-12. avec figures.*

707. Histoire du grand Genghiscan, premier Empereur des anciens Mogols & Tartares, par Mr. Petis de la Croix, *paris 1710. in-12.*

708. Lacedemone ancienne & nouvelle, où l'on voit les Mœurs & les Coutumes des Grecs modernes, des Mahometans & des Juifs du pays, par le sieur de la Guilletiere, *paris 1676. in 12.*

709. Histoire de l'Empire Ottoman, traduite de l'Anglois de Mr. le Chevalier Ricaut, *à la Haye 1709. 3. vol. in-12. avec des Cartes & figures.*

710. Histoire secrete de Procope de Cesarée, traduite par L. de M. *paris* 1669. *in*-12.

711. Histoire du regne de Mahomet II. Empereur des Turcs, par Mr. Guillet, *paris* 1681. 3. *vol. in*-12.

712. Anecdotes ou Histoire secrete de la Maison Ottomanne, *Amsterdam* 1722. 2. *vol. in*-12.

713. Tacite avec des Notes Politiques & Historiques, par Mr. Amelot de la Houssaie, *Paris & Hollande* 1690. 4. *vol. in*-12.

714. Les Oeuvres de Tacite, traduites par Mr. d'Ablancourt, *paris* 1688. 3. *vol. in*-12.

715 Abregé des Antiquitez Romaines, *paris* 1706. *in*-24.

716. Introduction à la connoissance des Antiquitez Romaines, traduites du Latin de Cellarius, par Louis Vasset, *à la Haye* 1723. *in*-12.

717. Abregé de l'Histoire Romaine & Grecque, par Mr. Doujat, *paris* 1718. *in*-12. 2. *vol. en un tome.*

718. Histoire des Revolutions Romaines, par Mr. l'Abbé de Vertot, *paris* 1720. 3. *vol. in*-12.

719. Abregé de l'Histoire Romaine, par Eutrope, traduite par Mr. l'Abbé Lezeau, *paris* 1717. *in*-12.

720. L'Histoire de Saluste, traduite en François, *paris* 1675. *in*-12.

720.* ——— Idem, par Mr. l'Abbé le Masson, *paris* 1717.

721. Histoire Romaine de Coeffeteau, *Paris* 1647. 2. *vol. in*-12.

722. Histoire Romaine depuis la fondation de Rome jusqu'à present, par demandes & réponses, *paris* 1716. 2. *vol. in*-12.

723. Les Commentaires de Cæsar, traduits par Mr. d'Ablancourt, *paris 1672. in-12.*

724. L'Histoire Universelle de Trogues Pompée, par Justin, traduite par Mr. l'Abbé A. *paris 1698. 2. vol. in-12.*

725. Valerii Maximi Opera, *Amstelod. 1675. in-24.*

726. Valere Maxime, traduit avec des remarques, *paris 1713. 2. vol. in-12.*

727. Les Oeuvres de Plutarque, traduites par Amiot, avec la Vie des Empereurs, *paris 1567. chez Vascosan, en maroquin rouge, lavé, reglé & doré sur tranche 14. vol. in-octavo.*

728. Les Hommes illustres de l'ancienne Rome, *Lyon 1713. in 12.*

728. * L'Histoire des Empereurs Romains, traduite par Mr. du Teil, *Amsterdam 1699. in-12.*

729. L'Histoire des Hommes illustres, de Plutarque, *Paris 1681. 2. vol. in 12.*

730. Les Vies de plusieurs Hommes illustres & grands Capitaines de France, *Paris 1726. 2. vol. in-12. avec figures.*

731. Les Femmes des douze Césars, par Mr. de Servie, *Paris 1718.*

732. Les Imperatrices Romaines, ou Histoire des intrigues des femmes des Empereurs Romains, suite des femmes des douze Césars, *Paris 1723. in-12.*

733. Histoire du grand Tamerlan, par le sieur de Sainctyon, *Lyon 1691, in-12.*

734. Le Heros traduit de l'Espagnol, de Balthazar Gracien, avec des remarques, *Paris, 1725. in-12.*

735. Histoire des deux Triumvirats, avec l'Histoire d'Auguste, par Mr. de Larrey,

Amsterdam, 1715. 3. *vol. in-12.*

736. La Vie de l'imposteur Mahomet, *paris* 1699. *in-12.*

737. Abregé de la Vie de divers Princes, par Teiſlier, *Amsterdam* 1710. *in-12.*

738. Hiſtoire des Princes illuſtres, par G. de Bezançon, *paris* 1699. *in-12.*

739. Hiſtoire de Timurbec connu ſous le nom du grand Tamerlan, Empereur des Mogols & des Tartares, par Mr. de la Croix, *paris* 1722. 4. *vol. in-12*

740. Hiſtoire profane depuis ſon commencement juſqu'à préſent, *paris* 1714. 6. *vol. in-12.*

741. Abregé de l'Hiſtoire des Aſſyriens, des Perſes, des Macédoniens & des Romains, *paris* 1699. *in-12.*

742. Jéruſalem délivrée, Poëme héroïque, du Taſſe, nouvellement traduit en françois, *Paris* 1724. 2. *vol. in-12.*

743. Hiſtoire de Ptolemée Auletes, par Mr. Baudelot, *Paris* 1698. *avec figures in-12.*

744. La Science des Médailles antiques & modernes, *Paris* 1715. *in-12. maroquin rouge doré ſur tranche, avec figures.*

HISTOIRE DE FRANCE.
In - octavo & in - 12.

745. L'Hiſtoire des François, de S. Gregoire Evêque de Tours, traduite par Mr. l'Abbé de Marolles, *Paris* 1668. 2. *vol. in-octavo.*

746. Abregé Chronologique de l'Histoire de France , par Mr. de Mezeray, *Paris* 1717. 10. *vol. in-12.*

747. ————— Le même augmenté de la vie des Reines , *Amsterdam* 1701. 7. *vol. in-12.*

748. ————— Idem , du Pere Daniel , *paris* 1724. 9. *vol. in-12.*

749. Histoire de France en abregé, *Paris* 1720. 3. *vol. in-12.*

750. Méthode facile pour apprendre l'Histoire de France, *Paris* 1691. 3. *vol. in-12.*

751. Histoire de Louis XIV. par Limiers, *Amsterdam* 1718 20. *vol. in-12.*

752. Histoire d'Henri IV. par Perefixe, *Paris* 1681. *in-12.*

753. Memoires sous le Regne de Louis XIV. par Mr. L. M. D. L. F. *Rotterdam* 1716. *in-12.*

754. Histoire des Sacres & Couronnemens de nos Rois, à commencer depuis Clovis jusqu'à Louis XV. *Reims* 1722. *in-12.*

755. Traité historique du Sacre des Rois & Reines de France , depuis Clovis jusqu'à présent, pat Mr. Menin , *paris* 1723. *in-12.*

756. Le Sacre & Couronnement de Louis XIV. *Paris* 1720. *in-12.*

757. Oraison funébre de Louis le Grand, par le P. Porée Jesuite, *paris* 1716. *in-12.*

758. Mémoires de la Minorité de Louis XIV. *Villefranche* 1690. *in-12.*

759. Histoire des Ducs de Bourgogne, par Mr. de Fabert , *Cologne* 1687. *in-12.*

760. La Minorité de saint Louis avec l'histoire de Louis XI. & d'Henri II. par Mr. Varillas, *la Haye* 1687. *in-12.*

761. Journal d'Henri III. *Cologne 1720. 4. vol. in-octavo, avec la description de l'Isle des Hermaphrodites, Cologne 1724.*

762. Mémoires pour servir à l'Histoire de France depuis 1515. jusqu'en 1611. *Cologne 1719. 2. vol. in-octavo, avec figures.*

763. Recueil de diverses pieces pour servir à l'histoire d'Henri III. *Cologne 1699. 2. vol. in-12.*

764. Satyre Menippée de la vertu du Catholicon d'Espagne, *Ratisbonne, 1711. 3. vol. in-octavo.*

765. Le Détail de la France, 1707. 2. vol. *in-12.*

766. Histoire de Suger Abbé de Saint Denys, Ministre d'Estat, & Régent du Royaume sous le Regne de Louis le jeune, *paris 1721. 3. vol. in-12.*

767. Histoire de Charles VII. *paris 1697. 2. vol. in-12.*

768. L'Histoire des Guerres Civiles de France, par d'Avila, *paris 1666. 4. vol. in-12.*

769. Memoires de Comines, *Bruxelles 1723. 5. vol. in octavo.*

770. Histoire du Prince de Condé, *Cologne 1693. in-12.*

771. Recueil des Vertus de Louis de France Duc de Bourgogne, par le P. Martineau, *paris 1713. in-12.*

772. Memoires de la Vie de Jacques-Auguste de Thou, *Amsterdam 1713. in-12. avec figures.*

773. Histoire de la Vie du Duc d'Espernon, par Girard, *paris 1673. 3. vol. in-12.*

774. La Vie du Maréchal de Gassion, *paris 1673. 4. vol. in-12.*

775. La Vie de Gaspard de Coligny, *Cologne* 1686. *in-12.*

776. La Vie du Vicomte de Turenne, par Mr. Dubuisson, *la Haye* 1688. *in-12.*

777. Le véritable Pere Joseph Capucin, ou Anecdote du Cardinal de Richelieu, *à S. Jean de Maurienne, in-12.*

778. La Vie du Cardinal de Richelieu, par Mr. le Clerc, *Amsterdam* 1714. 2. *vol. in-12.*

779. Journal de Mr. le Cardinal Duc de Richelieu, *Amsterdam* 1664. 2. *vol. in-12.*

780 Memoires pour l'histoire du Cardinal Duc de Richelieu, par Aubery, *Cologne,* 1667. 5. *vol. in-12.*

781. Histoire du Cardinal Duc de Richelieu, par le même, *Cologne* 1666. 3. *vol. in* 12.

782. Histoire du Ministere du Cardinal de Richelieu, *Amsterdam* 1664. 2. *volumes in-12.*

783. Anecdotes du Cardinal de Richelieu, par Mr. de V * * * *Amsterdam* 1717. 2. *vol. in-12.*

784. Testament politique du Cardinal de Richelieu, *Amsterdam* 1709.

785. Le Tableau de la Vie & du Gouvernement du Cardinal de Richelieu & Mazarin, *Cologne,* 1694. *in* 12.

786. Mémoires de Mr. de Montchal, contenant des particularitez du Cardinal de Richelieu, *Rotterdam* 17 8. 2. *vol. in-12.*

787. Parallele du Cardinal de Richelieu & du Cardinal Mazarin, par Mr. l'Abbé Richard, *paris* 1716. *in-12.*

788. Parallele du Cardinal de Ximenès & du Cardinal de Richelieu, par le même, *Trevoux* 1705. *in-12.*

789. Testament Politique de Mr. de Louvois, 1695. *in-12.*

790. Testament politique de Mr. Colbert , *à la Haye* 1694. *in-12.*

791. La Vie de Cesar Borgia , appellé depuis le Duc de Valentinois , par Thomas Thomasi , traduite de l'Italien , 1671. *in-12.*

792. Histoire du Cardinal Mazarin , par Aubery , *paris* 1688. 2. *vol. in-12.*

793. Histoire du ministere du Cardinal Mazarin , de Priorato , *Amsterdam* 1671. 3. *vol. in-12.*

794. Les Memoires de Mr. de Brantome , *à Leyde* 1666. 10. *vol. in-12.*

795. Memoires du Comte de Brienne , *à Amsterdam* 1719. 3. *vol. in-12.*

796. Memoires de Mr. de la Rochefoucault , *à Cologne* 1664. *in-12.*

797. Memoires de Mr. de Rochefort , *à Cologne* 1688. *in-12.*

798. Memoires du Maréchal de Bassompierre , *à Cologne* 1695. 2. *vol. in-12. en maroq. roug.*

799. Memoires du Marquis de Bauveau , *à Cologne* 1688. 2. *vol. in-12.*

800. Memoires d'Etat , par Mr. de Villeroy , *à Amsterdam* 1725 7. *vol. in-12.*

801. Memoires de Mr. de Pontis , *paris* 1678. 2. *vol. in* 12.

802. Memoires de Mr. de Montresor , *à Cologne* 1663. 2. *vol. in-12.*

803. Les Memoires du Comte de Vordac , *Paris* 1723. 2. *vol. in-12.*

804. Memoires de Mr. d'Artagnan , *Cologne* 1700. 3. *vol. in-12.*

805. Memoires du Cardinal de Retz , *Amsterdam* 1719. 4. *vol. in-12.*

806. Memoires de Mr. Joly , *Rotterdam* 1718. 2. *vol. in-12.*

807. Memoires de Montluc , *paris* 1661. 2. *vol. in-12.*

808

808. Memoires Historiques de la Province de Champagne , par Mr. Baugier, *Chaalon* 1721. 2. *vol. in-12. avec figures.* ——

809. Les Memoires du Duc de Rohan , *Amsterdam* 1693. *in-12.*

810. Memoires de Mr. de Gourville, *paris* 1724. 2. *vol. in-12.*

811. Memoires pour servir à l'Histoire d'Anne d'Autriche , épouse de Louis XIII. par Madame de Motteville, *Amsterdam* 1723. 5. *vol. in-12.* ——

812. Memoires de Marguerite de Valois Reine de France, *Liege* 1713. *in-12.*

813. L'heritiere de Guyenne , femme de Louis VII. Roy de France , & ensuite de Henry II. Roy d'Angleterre , *Rotterdam* 1691. *in-octavo.*

814. Les Lettres de Mr. de Bussy , *paris* 1706. 7. *vol. in-12.* ——

815. Lettres du Cardinal d'Ossat , *Amsterdam* 1708. 5. *vol. in-12.*

816. Histoire de la Ligue faite à Cambray , *paris* 1709. 2. *vol. in-12.* ——

817. La Dixme Royale , par Mr. de Vauban , ——

818. Reflexion sur la Dixme Royale , 1716. 2. *vol. in-12.* ——

819. Traité concernant l'Histoire de France , sçavoir la condamnation des Templiers, par Mr. Dupuy , *Hollande* 1701. *in-12.* ——

820. Histoire de Philippe Auguste , *paris* 1702. 2. *vol. in-12.*

821. Les Batailles mémorables des François depuis le commencement de la Monarchie jusqu'à present , *Amsterd.* 1701. 2. *vol. in-12.* ——

822. Histoire de l'établissement des Bretons dans les Gaules, par Mr. l'Abbé de Vertot, *paris* 1720. 2. *vol. in-12.* ——

G

823. Histoire des démêlez du Pape Boniface VIII. avec Philippe le Bel, Roy de France, par Mr. Baillet, *paris* 1718. *in-12.*

824. Suite des Memoires de Mr. de Guise, *paris* 1687. *in-12.*

825. Nouvelle Histoire du Chevalier Bayard, par le Prieur de Lonval, *paris* 1702. *in-12.*

826. Testament Politique du Duc de Lorraine, *Leipsic* 1696. *in-12.*

827. Journal de la France, par Mr. l'Abbé Valerot, *paris* 1722. *in-octavo.*

828. Histoire de Jean de Bourbon, Prince de Carenci, *Luxembourg* 1704. *in-12.*

829. Histoire des Negociations de Nimegue, *paris* 1680. 2. *vol. in* 12.

830. Traité des Monoyes de France, par Boizard, *Paris* 1711. *in-12.* 2. *vol. avec figures.*

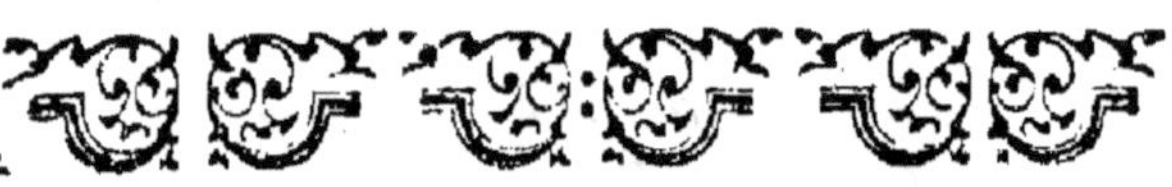

HISTOIRE D'ESPAGNE.

In-octavo & in-12.

831. HIstoire generale d'Espagne, depuis le commencement de la Monarchie jusqu'à present, tirée de Mariana, *paris* 1723. 9. *vol. in-12. avec figures.*

832. Etat present de l'Espagne, par Mr. l'Abbé de Veyrac, *paris* 1718. 4. *vol. in-12.*

833. Abregé nouveau de l'Histoire d'Espagne, par Vanel, *paris* 1689. 3. *vol. in-12.*

834. Etat present d'Espagne avec un Voyage en Angleterre, *Villefranche* 1717. *in-12.*

835. Histoire de Ferdinand Alvarez de Tolede,

premier du nom, Duc d'Albe , *paris* 1698. 2.
vol. *in-12.*

836. Histoire de Consalve de Cordoue , par le
R. P. du Poncet, *paris* 1714. 2. vol. *in-12.*

837. Histoire du Cardinal Ximenès , par Mr.
Marsolier, *paris* 1704. 2. vol. *in-12.*

838. La Politique de Ferdinand Roy d'Espa-
gne, par Mr. Varillas, *Amsterdam* 1688. *in-*
12.

839. Les Anecdotes de Florence, ou Histoire
secrete de la Maison de Medicis, par Mr.
Varillas, *à la Haye* 1687. *in-12.*

840. Histoire secrete des plus fameuses con-
spirations , de la conjuration des Pazzi con-
tre les Medicis, par Mr. le Noble, *paris* 1698.
in-12.

841. Anecdotes du Ministere du Comte Duc
d'Olivarès , *paris* 1722. *in-12.*

842. Histoire des Révolutions de Portugal, par
Mr. l'Abbé de Vertot, *paris* 1711. *in-12.*

843. Memoires de la Cour d'Espagne , par
Madame Daunoy , *paris* 1690. 2. vol.
in-12.

❖❖❖❖❖❖❖❖❖❖❖❖ ❖:❖❖❖❖❖❖❖❖❖

HISTOIRE D'ANGLETERRE.
In-octavo & in-12.

844. Histoire d'Henry VII. Roy d'Angle-
terre , par Mr. de Marsolier, *paris*
1700. 2. vol. *in-12.*

845. La Vie d'Olivier Cromwel , par Gregorio
Leti, *Amsterdam* 1703. 2. vol. *in-12.*

846. La Vie d'Elizabeth , Reine d'Angleterre,

846. HIST. D'ANG. *in-octavo & in-12.*
par Gregorio Leti, *Amsterdam* 1703. 3. *vol.*
in-12.

847. Histoire de Guillaume III. Roy de la
Grande Bretagne *Amst.* 1703. 2. *vol. in-12.*

848. Histoire de la Rebellion & des Guerres
Civiles d'Angleterre, par Clarendon, *à la*
Haye 1704. 8. *vol. in-12.*

849. Les Memoires d'Edmond Ludlow, *Am-*
sterdam 1699. 3. *vol. in-12.*

850. Memoires du Comte de Grammont, Co-
logne 1713 *in-12.*

851. Les interests de l'Angleterre mal-enten-
dus, *Amsterdam* 1704. *in-12.*

852. La Vie du General Mouk, *Londres* 1672.
in-12.

⁂⁂⁂⁂⁂⁂

Histoire de Venise & de Naples.
In-octavo & in-12.

853. Histoire du Gouvernement de Veni-
se, par Mr. Amelot de la Hous-
saye, *paris* 1685. 3. *vol. in-octavo.*

854. La Ville & la Republique de Venise, *paris*
1680. *in-12.*

855. Nouvelle Relation de la Ville & Repu-
blique de Venise, *Utrecht.* 1709. *in-12.*

856. Histoire de Venise par Baptista Nani, *paris*
1689. 4. *vol in-12.*

857. Histoire du differend entre le Pape Paul
V. & la Republique de Venise, *paris* 1688.
in-12.

858. Histoire de Florence, par Machiavel,
Amsterdam 1694. 2. *vol. in-12.*

859. Etat ancien & moderne des Duchez de Florence, Modene, Mantoue & Parme, *Utrecht* 1711. *in-12.*

860. La Vie de Cassiodore, par de Sainte Marthe, *Paris* 1694. *in-12.*

861. Histoire des Revolutions de Naples, par Mr. le Comte de Modene, *Paris* 1668. 3. *vol. in-12.*

862. Deffense de la Monarchie de Sicile, contre les entreprises de la Cour de Rome, 1716. *in-12.*

863. La Vie de Dom Pedro Giron Duc d'Ossone, Viceroi de Sicile & de Naples, par Gregorio Leti, *Amsterdam* 1701. *in-12.* 3. *vol.*

HISTOIRE D'HOLLANDE.
In-octavo & in-12.

864. Hugonis Grotii Annales & Historiæ de rebus Belgicis, *Amstelodami* 1658. *in-octavo.*

865. Histoire d'Hollande, par Mr. le Noble, *Paris* 1700. 4. *vol. in-12.*

866. —— Idem, par Mr. de la Neuville, *Paris* 1698. 2. *vol. in-12.*

867. La Vie de Corneille Tromp, *à la Haye* 1695. *in-12.*

868. Histoire de la Guerre d'Hollande, *à la Haye* 1689. *in-12.*

869. Memoires pour servir à l'Histoire de Hollande, & des autres Provinces-Unies, par Mr. Aubery, *Paris* 1688. *in-octavo.*

870. La Vie de Michel de Ruiter, *Amsterdam* 1677. *in-12.*

871. Remarques fur l'Etat des Provinces-Unies, par Mr. le Chevalier Temple , *à la Haye* 1680. *in-12.*

HISTOIRE DE SUEDE,
de Pologne & Baviere.

In-octavo & in-douze.

872. HIftoire de Suede fous Charles XII. par Limiers, *Amfterdam* 1721. *in-12. 6. vol avec figures.*

873. L'Etat préfent de la Suede, traduit de l'Anglois de Mr. Robinfon , *Amfterdam* 1720. *in* 12.

874. L'hiftoire de Guftave Adolphe dit le Grand, *Hollande* 1695. *in-12.*

875. Hiftoire des Révolutions de Suede, par M. l'Abbé Vertot , *paris* 1696. 2. *vol. in-12.*

876. Les Anecdotes de Suede fous Charles XI. *Stokolm* 1715. *in-12.*

877. ——— de Pologne , *Paris* 1699. 2.*vol. in-12.*

878. Hiftoire de la Sciffion ou Divifion arrivée en Pologne, par de la Bizardiere, *paris* 1699. *in-12.*

879. Relation hiftorique de la Pologne, par Mr. de Hauteville , *paris* 1697. *in-12.*

880. Hiftoire des Dietes de Pologne, par Mr. de la Bizardiere, *paris* 1697. *in-12.*

881. Hiftoire de Baviere , par Mr. le Blauc, *Paris* 1680. 4. *vol. in-12.*

HISTOIRE D'ALLEMAGNE,
de Flandre & de Savoie.
In-octavo & in-12.

882. LA Vie de l'Empereur Charles V.
par Gregorio Leti, *Amsterdam* 1702.
4. vol. in-12.

883. Instructions de l'Empereur Charles V. à
Philippe II. Roi d'Espagne, *la Haye*, 1700,
in 12.

884. La Vie de Charles V. Duc de Lorraine &
de Bar, *Amsterdam* 1691. in-12.

885. R. P. Famiani Stradæ de Bello Belgico,
Antuerpiæ 1649. 2. vol. in-octavo cum fi-
guris.

886. ——— Le même traduit en François,
par Mr. Durier. *Hollande* 1665. 2. vol. in-
octavo, avec figures.

887. Mémoires du Cardinal Bentivoglio, tra-
duits de l'Italien en François, par Mr. l'Abbé
de Veyrac, *paris* 1713. 2. vol. in-12.

888. Abregé de l'Histoire de Savoie, par Mr.
le Blanc, *Lyon* 1668. 3. vol. in-12.

889. Mémoires de Mr. de la Fontaine, *Cologne*
1699. in-12.

HISTOIRE DE LA SUISSE,
de Genéve, de la Gréce, de Malthe Hongrie & Genes.
In - octavo & in - 12.

890. **A**Bregé de l'Histoire générale de Suisse, Geneve 1666. *in-octavo.*

891. L'Etat de la Suisse, traduit de l'Anglois, *Amsterdam*, 1714. *in-12.*

892. Histoire de la Ville & de l'Etat de Genéve par Jacob Spon, *Lyon* 1682. 2. *vol. in* 12. *avec figures.*

893. Histoire générale de la Gréce, *Paris* 1669. 2. *vol. in-12.*

894. Histoire des trois Ordres Réguliers & Militaires, des Templiers, Teutons, Hospitaliers, ou Chevaliers de Malthe, *Paris* 1725. 2. *vol. in-12.*

895. Histoire du Ministere du Cardinal Martinusius, 1715. *in-12.*

896. Relation de l'Etat de Genes, par Mr. le Noble, *Paris* 1685. *in-12.*

POLITIQUE.
In-octavo & in-12.

897. **D**Iscours sur le Gouvernement, par Algermon Sidney, *la Haye* 1702. 3. *vol. in-12.*

898. L'Eſpion dans les Cours des Princes,
Cologne 1710 6. *vol. in-12. avec figures.*

899. L'Homme de Cour, par Amelot de la
Houſſaye, *Paris* 1702. *in-12.* ————

900. Les Devoirs de l'Homme & du Citoyen,
traduits par Barbeyrac, *Amſterdam* 1715.
in-12. ————

901. Les Lettres du Cardinal Bentivoglio, Ita-
lien & François , par Veneroni, *Bruxelles*
1709. *in-12.* ————

902. Le Prince de Machiavel , *Amſterdam*
1694. *in-12.* ————

903. La Science des perſonnes de la Cour, de
l'Epée & de la Robe , par Mr. de Chevigny,
Amſterdam 1713. 3. *vol. in-12.* ————

904. ———— Le méme *en* 4. *vol. in-12.* 1723. ————

905. Réflexions, Sentences & Maximes de Mr.
de la Rochefoucault , par Mr. Amelot de la
Houſſaye , *paris* 1725. *in* 12. *& 1714.* ————

906. Tableau de la Cour de Rome , par J. A.
la Haye 1707. *in-12.* ————

CHRONOLOGIE ET GEOGRAPHIE.
In-octavo & in-12.

907. Tablettes Chronologiques conte-
nant l'Etat de l'Egliſe en Orient
& en Occident, par Marcel , *Paris* 1682.
in-octavo.

908. Tablettes Chronologiques contenant la
ſuite des Papes, Empereurs & Rois qui
ont regné depuis Jeſus-Chriſt juſqu'à pré-
ſent, par Marcel, *Paris* 1688. *in-octavo*
long.

909. Introduction à l'Histoire générale & politique de l'Univers, par Mr. le Baron de Puffendorff, avec des Notes historiques, geographiques & critiques , *Amsterdam*, 1722. *in-12.* 7. *vol. fig.*

910. Memoires pour servir à l'Histoire Universelle de l'Europe, depuis 1600. jusqu'en 1716. *Paris* 1725. 4 *vol. in-12.*

911. Histoire du Monde , par Chevreau, troisiéme Edition augmentée de la suite des Empereurs d'Occident , &c. *Paris* 1717. *in-12.* 8. *vol.*

912. Nouvelle Description de la France, le Gouvernement de ce Royaume, & de chaque Province en particulier, par Mr. Piganiol de la Force, seconde Edition augmentée, *Paris* 1722. *in-12.* 8. *volumes, avec figures.*

913. Histoire Universelle traduite du latin de Turselin, *Paris* 1706. *in-12.* 3. *vol.*

914. Abregé Chronologique de l'Histoire sacrée & profane, du P. Petau, nouvelle Edition augmentée jusqu'à présent, *Paris* 1715. 5. *vol. in-12.*

915. Description de la Ville de Paris, par Brice, huitiéme Edition augmentée, *Paris* 1725. 4. *vol. in-12. avec figures.*

916. Le Guide , ou nouvelle Description d'Amsterdam , son Commerce, ses Edifices, &c. *Amsterdam* 1720. *in-octavo, avec figures.*

917. Description du Gouvernement de Bourgogne, avec un Abregé de l'Histoire de la Province , par Garreau, *Dijon* 1717. *in-octavo.*

918. Tablettes Geographiques contenant l'Abregé des Etats des quatre Parties du

Monde, *Paris* 1725. *in-12.*

919. Hiftoire de la Navigation, fon commencement, fon progrès & fes découvertes jufqu'à préfent, traduite de l'Anglois, *Paris* 1722. 2. *vol. in-12.*

920. Hiftoire du Commerce & de la Navigation des Anciens, *Paris* 1716. *in-12.*

921. Methode pour étudier la Géographie, ou Defcription exacte de l'Univers, tirée des meilleurs Auteurs fur les Obfervations de l'Academie Royale des Sciences, *Paris* 1716. 4. *vol. in-12. avec figures.*

922. Methode pour apprendre facilement la Geographie, par Robbe, *Paris* 1695. 2. *vol. in-12. avec figures.*

VOYAGES.

In - octavo & in - 12.

923. **H**Iftoire des Incas Rois du Pérou, traduite de l'Efpagnol de la Vega, par Baudoin, *Amfterdam* 1704. 2. *vol. in-octavo. avec figures.*

924. Hiftoire des Guerres Civiles des Efpagnols dans les Indes, traduite de l'Efpagnol de la Vega, par Baudoin, *Amfterdam* 1706 2. *vol. in-12.*

925. Voyage autour du Monde en 1708. & fini en 1711., par le Capitaine Wordes Rogers, *Amfterdam* 1711. 2. *vol. in* 12. *avec figures.*

926. Découverte des Indes Occidentales par

les Espagnols, par D. Balthasar di las Casas, *Paris* 1701. *in-12.*

927. Athenes ancienne & nouvelle, par la Guilletiere, *Paris* 1676. *in-12.*

928 Histoire de la Conquête de la Floride, traduite de l'Espagnol de la Vega, par Richelet, *Lisle* 1711. *in-12.*

929. Histoire du Royaume d'Alger avec l'Etat présent de son Gouvernement, par Laugier de Tassy, *Amsterdam* 1725 *in-12.* *avec figures.*

930. Voyage de l'Arabie Heureuse en 1708. 1709. & 1710. par la Roque, *Paris* 1716. *in-12. avec figures.*

931. Voyage fait par ordre de Louis XIV. dans la Palestine, par le même, *Paris* 1717. *in-12.*

932. Voyage de Madagascar ou de l'Isle de Saint-Laurent, *Paris* 1722. *in-12. avec figures.*

933. Voyage d'Alep à Jerusalem en 1697. par Maundrell, *Utrecht* 1705. *in-12. avec figures.*

934. Relations de voyages en Allemagne, Angleterre, Hollande, Bohême, Suisse, &c. par Ch. Patin, *Amsterdam* 1695. *in-12. avec figures.*

935. Histoire de la Conquête de la Chine par les Tartares, traduite de l'Espagnol de Palafox, par Colle, *Amsterdam* 1723. *in-12.*

936. Description de la Livonie, avec une Relation de l'Ordre Teutonique, *Utrecht* 1705. *in-12.*

937. Histoire des Sevarambes, peuples qui habitent la Terre Australe, *Amsterdam* 2. *vol. in-12. en un.*

938. Nouveaux Memoires de Nodot, ou observations

ſervations faites pendant ſon voyage d'Italie, *Amſterd.* 1706. 2. *vol. in - 12. en un, avec figures.*

939. Hiſtoire de l'Amerique Septentrionale, l'établiſſement des François dans ce Pays, par la Potherie, *Paris* 1722. 4. *vol. in-12. avec figures.*

940. Relation d'un Voyage fait aux Indes Orientales, par Dellon, *Amſterdam* 1699. *in-12. avec figures.*

941. Relation de l'Interieur du Serail, par Tavernier, *Paris* 1680. *in-12.*

942. Nouveau Voyage au Nord, *Amſterdam in-12. avec figures.*

943. Hiſtoire univerſelle des Voyages faits par Mer & par Terre dans l'ancien & le nouveau Monde, *Paris* 1707. *in-12.*

944. Voyage à la Terre Sainte en 1719. avec les Mœurs & les Coûtumes des Turcs, *paris* 1720. *in-12.*

945. Relation du Voyage de Ceylan dans les Indes Orientales, par Knox, *Amſterdam* 1693. *in-12. avec figures.*

946. Relation du Voyage du Royaume d'Iſſini, *paris* 1714. *in-12. avec figures.*

947. Voyage du Mont-Liban, traduit de l'Italien de Dandini, *Paris* 1685. *in-12.*

948. Voyage au tour du Monde, par le Gentil, *paris* 1725. *in-12. tome premier, avec figures, broché.*

949. Voyage de Guinée, contenant une deſcription de cette côte, par Boſman, *Utrecht* 1705. *in-12. avec figures.*

950. Voyage de Syrie & du Mont Liban, par la Roque, *Paris* 1722. 2. *vol. in-12. avec figures.*

951. Relation Hiſtorique & Theologique d'un

H

Voyage aux Pays-Bas, par Marcelly, *Paris*
1719. *in-12.*

952. Nouvelle Relation des Voyages de Thomas Gage dans la nouvelle Espagne, *Amst.*
1699. 2. *vol. in-12. avec figures.*

953. Voyages de Dumont, en France, Italie,
Allemagne, à Malthe & en Turquie, *la Haye*
1699. 4. *vol. in-12. avec figures.*

954. Voyages de Dalmatie, de Grece, & du
Levant, par Wheler, traduits de l'Anglois,
Amsterdam 1689. 2. *vol. in-12. avec figures.*

955. Voyages de Bernier dans les Etats du
Grand Mogol, *Amsterdam* 1699. 2. *vol.
in-12. avec figures.*

956. Recueil de voyages qui ont servi à l'établissement de la Compagnie des Hollandois
aux Indes Orientales, *Amsterdam* 1710.
7. *vol. in-12.*

957. Histoire des Progrès & de la Décadence du Christianisme dans le Japon, par le P.
de Charlevoix de la Compagnie de Jesus,
Rouen 1715. *in-12.* 3. *vol.*

958. Histoire de la Conqueste du Mexique,
traduite de l'Espagnol de Solis, *la Haye* 1691.
2. *vol. in-12. avec figures.*

959. Histoire de la Conqueste du Perou, traduite de l'Espagnol, par Augustin de Zarate, *Amsterdam* 1700. 2. *vol. in-12. avec fig.*

960. Voyage d'Italie, de Dalmatie, de Grece &
du Levant, par Spon, *Lyon* 1678. 3. *vol.
in-12. avec figures.*

961. Histoire de la Conqueste des Isles Moluques, par les Espagnols, les Portugais &
les Hollandois, traduite de l'Espagnol d'Argensola, *Amsterdam* 1706. 3. *vol. in-12.
avec figures.*

962. Voyages & Avantures du sieur Leguat &

de ses Compagnons en deux Isles désertes
des Indes Orientales , *Amsterdam* 1708. 2.
vol. in 12. *avec figures.*

963. Voyages du Baron de la Hontan dans
l'Amerique Septentrionale , *la Haye* 1705.
2. *vol. in-*12. *avec figures.*

964. Description de l'Isle de Formosa en Asie,
par Psalmanaazaar, natif de Paris , *Amsterdam* 1705. *in-*12. *avec figures.*

965. Voyages du Monde de Descartes, augmentés par le P. Daniel de la Compagnie de
Jesus , *Paris* 1702. *in-*12. *avec figures.*

966. Relation curieuse de l'état present de
Russie, *paris* 1679. *in-*12.

967. Histoire des Isles Marianes, par le P. le
Gobien de la Compagnie de Jesus , *Paris*
1701. *in-*12.

968. Relation des Etats de Fez & de Maroc,
Paris 1726. *in-*12.

969. Voyages de Tavernier, en Turquie, en
Perse & aux Indes, *Rouen* 1713. *in-*12. 6. *vol.*
avec figures.

970. Voyages de Dellon , avec la Relation de
l'Inquisition de Goa , & autres pieces, *Cologne* 1709. 2. *vol. in-*12. *avec figures.*

971. Voyages Liturgiques de France, par Moleon , *Paris* 1718. *in-octavo, avec figures.*

972. Histoire de la Virginie , par un natif du
Pays, traduite de l'Anglois , *Amsterdam*
1707. *in-*12. *avec figures.*

973. Nouveaux Memoires sur l'état present
de la Grande Russie & Moscovie, *paris* 1725.
2. *vol. in-*12.

974. Description du Royaume de Siam , par la
Loubere, *Paris* 1691. 2. *vol. in-*12. *avec figures.*

975. Description de la Louisianne , par Hen-

nepin, *Paris* 1683. *in- douze.*

976. De l'utilité des Voyages, par Baudelot, *Paris* 1686. 2. *vol. in-12.*

977. Voyage de Suisse, d'Italie, & de quelques endroits d'Allemagne, par Burnet, *Amsterdam* 1690. *in-12.*

978. Relation de ce qui s'est passé dans les trois Voyages des Religieux de la Mercy à Maroc, *Paris* 1724. *in-12.*

979. Les Avantures de Sadeur dans le Voyage de la Terre Australe, *Paris* 1705. *in-12.*

980. Journal du Voyage de Siam, fait en 1685. & 1686. par l'Abbé de Choisy, *Paris* 1687. *in-12.*

981. Voyage autour du Monde, traduit de l'Italien de Gemelli Careri, *Paris* 1719. 6. *vol. in-12.*

982. Nouveau Voyage autour du Monde, par Dampierre, *Amsterdam* 1711. 5. *vol. in-12. avec figures.*

983. Nouveau Voyage aux Isles de l'Amerique, par le R. P. Labat, Jacobin, *Paris* 1722. 6. *vol. in-12. avec figures.*

984. Relation d'un Voyage d'Espagne, *Paris* 1699. 3. *vol.* 12.

985. Voyage d'Espagne, historique & politique, fait en 1655. *in-12.* 1666.

986. Voyage de Hennepin dans l'Amerique, entre le nouveau Mexique & la Mer Glaciale, *Amsterdam* 1704. *in-12. avec figures.*

987. Histoire des Avanturiers Flibustiers qui se sont signalez dans les Indes, avec le voyage fait à la Mer du Sud par les Flibustiers, *Paris* 1699. 3. *vol. in-12. avec figures.*

988. Nouveaux Memoires de l'état present de la Chine, par le P. le Comte, de la Compagnie de Jesus, *Paris* 1697. 3. *vol. in-12. avec figures.*

989. Nouveau Voyage d'Italie, avec un Memoire utile à ceux qui veulent faire ce voyage, par Misson, *la Haye* 1702. 3. *vol. in-12. avec figures.*

990. Remarques sur divers endroits d'Italie, par Misson, *Paris* 1722. tome 3. *in-12. avec figures.*

991. La Vie, les Avantures & le Voyage de Groenland de Mesange, *Amsterdam* 1720. 2. *vol. in-12.*

992. Journal de Voyages faits aux Indes Orientales, par l'Escadre de Mr. Duchesne, *la Haye* 1721. 3. *vol. in-12.*

993. Voyage de Coreal aux Indes Occidentales, traduit de l'Anglois, *Amsterdam* 1722. 3. *vol. in-12. avec figures.*

994. Voyages de Paul Lucas au Levant, dans la Grece, l'Asie Mineure, la Macedoine & l'Afrique, la Turquie, l'Egypte, &c. *Paris & Rouen* 1714. & 1719. 7. *vol. in-12. avec figures.*

995. Recueil de Voyages au Nord, avec divers Memoires pour le Commerce, & la Navigation, *Amsterdam* 1715. & 1725. 7. *vol. in-12. avec figures.*

996. Traité Historique sur les Amazones, par Petit, *Leyde* 1718. 2. *vol. in-12.*

997. Relation de la Riviere des Amazones, par Mr. Gomberville, *in-12.*

998. Délices de l'Italie, les Antiquitez & raretez qui s'y trouvent, par la Faye, *la Haye* 1709. 6. *vol. in-12. avec figures.*

999. ———— d'Espagne & de Portugal, par Alvarez de Colmenar, *Leyde* 1715. 6. *vol. in-12. avec figures.*

1000. ———— de la Grande Bretagne & de l'Irlande, par Beeverell, *Leyde* 1707. 9. *vol. in-12. avec figures.*

1001. Délices des Pays Bas, contenant la des-
cription des XVII. Provinces, *Bruxelles*
1720. 8. *vol in-octavo, avec figures.*

1002. ———— de la Suisse, une des principa-
les Republiques de l'Europe, par Gottlieb,
Leyde. 1714. 4. *vol in-12. avec figures.*

1003. Etat present de la Grande Bretagne sous
le Regne de George I. *Amsterdam* 1723.
3. *vol. in-octavo.*

1004. Les Délices de la Hollande, depuis l'é-
tablissement de la République, jusqu'en
1710. *la Haye* 1710. 2. *vol. in* 12. *avec fi-
gures.*

1005. ———— de Leyde, une des plus cele-
bres Villes de l'Europe, *Leyde* 1712. *in-oc-
tavo avec figures.*

1006. Rome ancienne & moderne, avec tou-
tes ses magnificences & ses délices, par de
Seine, *Leyde* 1713. 10. *vol.* 12. *reliez en*
9. *vol.*

MEDECINE ET ANATOMIE.
In-octavo & in-douze.

1007. ANatomie du Corps Humain, avec
des remarques utiles aux Chirur-
giens dans la pratique de leurs operations,
par Mr. Jean Palfin, *Paris* 1726. *in-octavo*
avec figures.

1008. Cours de Chymie, contenant la maniere
de faire les operations qui sont en usage
dans la Medecine, par Mr. Nicolas Lemery,
Paris 1701. *in-octavo,*

1009. L'Anatomie de l'Homme suivant la circulation du sang, par Mr. Dionis, *Paris* 1705. *in octavo, avec figures.*

1010. Schola Salernitana de valetudine tuendâ; cum notis Renati Moreau , *Parisiis* 1672. *in-octavo.*

1011. Discours Anatomiques de Mr. Lamy, *Bruxelles* 1679. *in-12.*

1012. Le regime du Carême consideré par rapport à la nature du corps & des alimens, par Nicolas Andry , *Paris* 1710. *in-12.*

1013. Traité des vertus Medecinales de l'eau commune, par Mr. Smith, avec les Theses de Mrs. Hecquet & Geoffroy sur l'eau, *Paris* 1725. *in-12.*

1014. Nouveau Cours de Chymie, suivant les principes de Newton & de Sthall. avec un discours historique sur l'origine & le progrès de la Chymie, *Paris* 1723. *in-12.*

1015. Projet de réformation de la Medecine, par Mr. le François, *Paris* 1723. *in-12.*

1016. Traité des Dispenses du Carême, augmenté de deux Dissertations, l'une sur les Macreuses, & l'autre sur le Tabac, *Paris* 1710. *in-12. 2. vol.*

1017. Histoire naturelle du Cacao & du Sucre, *Paris* 1719. *in-12.*

1018. Reflexions Critiques sur la Medecine, par Mr. le François, *Paris* 1723. *in-12. 2. vol.*

1019. Traité des Alimens de Carême, par Mr. Nicolas Andry, *Paris* 1713. *in-12. 2. vol.*

1020. Enchiridion Medicum Theoretico-practicum, sive tractatus de morborum theoriâ & praxi, autore Josepho Jackson, *Bruxellis* 1705. *in-12.*

1021. Traitez du Caffé , du Thé & du Chocolate, par Mr. Dufour, avec une méthode pour compofer le Chocolate, par Mr. Saint Difdier, *la Haye 1693. in-12.*

1022. L'ouvrage fecret de la Philofophie d'Hermez; où l'on découvre tout ce que la nature & l'art ont de caché touchant la matiere de la pierre philofophale, *Paris 1651. in-12.*

Mathematique & Peinture.
In-octavo & in-12.

1023. DEfcription de l'Univers, contenant les plans & profils des principales Villes de la terre, avec les portraits des Souverains qui y commandent; leurs Blafons, Titres & Livrées, & les mœurs & habillemens de chaque nation, par Allain Manefson Mallet, *Paris 1683. in-octavo 5. vol. remplis de figures.*

1024. Les travaux de Mars, ou l'art de la guerre, avec un ample détail de la Milice des Turcs, par Allain Manefson Mallet, *Paris 1685. in-octavo 3. vol. enrichis de plus de 400. planches en taille-douce.*

1025. L'ufage des Globes Celefte & Terreftre, & des Spheres, avec un traité de Cofmographie, par Mr. Bion, *Paris 1710. in-octavo, avec figures.*

1026. Cours de Mathematique, qui comprend toutes les parties de cette fcience les plus utiles & les plus neceffaires, par Mr. Ozanam, *Paris* 1693. *in-octavo* 5. *vol. avec figures.*

1027. Recreations, Mathematiques & Physiques, qui contiennent plusieurs problêmes d'Arithmetique, de Geometrie, de Musique, de Gnomonique, &c. Avec un Traité des Horloges Elementaires, par Mr. Ozanam, *Paris* 1725. *in-octavo* 5. *vol. avec figures.*

1028. Experiences de Physique, par Mr. Poliniere, *Paris* 1718. *in* 12. *avec figures.*

1029. La nature expliquée par le raisonnement & par l'experience, par Mr. Denyse, *Paris* 1719. *in-12. avec figures.*

1030. Curiositez de la nature & de l'art sur la Vegetation, par Mr. l'Abbé de Vallemont, *Paris* 1708. *in-12. avec figures.*

1031. L'Arithmetique de Barrême, *paris* 1706. *in-12.*

1032. Les Comptes faits de Barrême, *Paris* 1723. *in* 12.

1033. Le Livre necessaire de Barrême, *Paris* 1708. *in* 12.

1034. Cours de Peinture par principes, composé par Mr. de Piles, *Paris* 1708. *in-12.*

1035. Abregé de la Vie des Peintres, avec des reflexions sur leurs ouvrages, par Mr. de Piles, *Paris* 1715. *in-12.*

1036. L'Art de Peinture de C. A. du Fresnoy, avec des remarques & un Dialogue sur le coloris, *Paris* 1673. *in-12. avec figures.*

1037. Histoire des Arts qui ont rapport au dessein, par P. Monier, *Paris* 1698. *in-12.*

1038. La Vie de Mr. Descartes, *Paris* 1692. *in-12.*

Grammairiens, Dictionnaires, Orateurs & Philosophes.
In-octavo & in-12.

1039. LE Jardin des Racines Grecques, mises en vers François, *Paris* 1701. *in-*12.

1040. Indiculus universalis rerum ferè omnium quæ in mundo sunt, per R. F. P. Societatis Jesu, *Lugd.* 1679. *in-*12.

1041. L'art de bien parler François, par Mr. la Touche, *Amsterdam* 1710. *in-*12. 2. *vol.*

1042. Le Maistre Italien, par le sieur Veneroni, *Paris* 1709. *in-*12.

1043. La Logique, ou l'art de penser, *Paris* 1664. *in-*12.

1044. ———— la-même, *Paris* 1668. *in-*12.

1045. Candidatus Rhetoricæ, autore Josepho Juvencio S. J. *Parisiis* 1711. *in-*12.

1046. La Rhetorique Françoise, très-propre aux gens qui veulent apprendre à parler & écrire avec politesse, *Paris* 1698. *in-*12.

1047. La Rhetorique ou l'art de parler, par le R. P. Bernard Lamy, *Paris* 1701. *in-*12.

1048. Le Guidon de la Langue Italienne, par Nathanaël Duez, *Paris* 1673. *in* 12.

1049. Dictionarium Universale Latino-Gallicum, ad usum SS. Principis Dombarum, *Parisiis, Boudot* 1715. *in-octavo.*

1050. M. Tullii Ciceronis Opera, cum Asca-

tio & Scholiaste veteri & notis integris P.
Victorii, J. Camerarii, F. Ursini & Selectis.
P. Manutii, D. Lambini, J. Gulielmii, J. Gru-
teri, &c. ex recensione Isaaci Verburgii,
Amstelodami 1724. *in-octavo.* 12. *vol.* ———

1051. M. Tullii Ciceronis Opera, ex recen-
sione Joannis-Georgii Grævii, cum ejusdem
animadversionibus, *Amstelodami* 1699. *in-8.*
11. *vol.*

1052. M. Tullii Ciceronis Tusculanarum dis-
putationum Libri quinque, cum commen-
tario Joannis Davisii; *Cantabrigiæ, Typis
Academicis,* 1723. *in-octavo.* ———

1053. ——— Ejusdem de Divinatione &
Fato Libri, cum animadversionibus Joan-
nis Davisii; *Cantabrigiæ, Typis Academicis*
1721. *in-octavo.*

1054. ——— Ejusdem de finibus bonorum
& malorum Libri quinque, & Paradoxon
Liber unus, cum notis Thomæ Bentley,
Cantabrigiæ, Typis Academicis 1718. *in-
octavo.*

1055. ——— Ejusdem Liber de Claris Ora-
toribus qui dicitur Brutus, cum notis Ja-
cobi Proust, in usum SS. Delphini, *Oxonii*
1716. *in-octavo.*

1056. M. Tullii Ciceronis de naturâ deorum
Libri tres, cum notis integris P. Manucii,
P. Victori, Joach. Camerarii, Dionys. Lam-
bini & Fulvii Ursini, ex recensione Joannis
Davisii, *Cantabrigiæ, Typis Academicis*
1718. *in-octavo.*

1057. ——— ad Quintum fratrem dialogi
tres de Oratore, cum notis Zachariæ Pearce,
Cantabrigiæ, Typis Academicis 1716. *in-
octavo.*

1058. Petri Marsi in primum Librum M. Tullii Ciceronis, de Officiis Commentarii, *Parisiis,1693. in-12.*

1059. ———— Ejusdem in Librum M. Tullii Ciceronis, de Senectute Commentarii, *Par. 1693. in-12.*

1060. Selecta M. Tullii Ciceronis Opera, Numeris & Capitibus ad usum Scholarum distincta, *Parisiis 1711. in-12.*

1061. Traitez de la vieillesse & de l'amitié de Ciceron, traduits par Mr. du Bois, *Paris 1698. in-12.*

1062. Les Offices de Ciceron, traduits par Mr. du Bois, *Paris 1698. in-12.*

1063. M. T. Ciceronis de officiis Libri tres , *Amstelodami 1669. in-12.*

1064. Les Offices de Ciceron, traduits en François, avec des notes, par Mr. du Bois, *Paris 1691. in-octavo.*

1065. Traitez de la Vieillesse & de l'Amitié, traduits en François avec des notes, par Mr. du Bois , *Paris 1691. in-octavo.*

1066. Oraison de Ciceron pour la Loy de Manilius , traduite avec des remarques historiques & géographiques, *Paris 1699. in-octavo.*

1067. Les Lettres de Ciceron à Atticus, traduites en François, *Paris 1691. in-12. 2. vol.*

1068. Traité des Loix de Ciceron, traduit par Mr. Morabin, *Paris 1719. in 12.*

1069. Entretiens de Ciceron sur les vrais biens & sur les vrais maux , de la traduction de Mr. l'Abbé Regnier des Marais, *Paris 1721. in-12.*

1070. Histoire des quatre Cicerons, dans laquelle on fait voir par les Historiens, que le fils de M. T. Ciceron, étoit aussi illustre que

que son pere, *Paris* 1714. *in-12.* —

1071. Les Lettres de Ciceron à Atticus , tra-
duites avec des remarques, par Mr. l'Abbé
Mongault, *Paris* 1714. *in-12.* 6. *vol.* —

1072. La Rhetorique de Ciceron , ou les trois
Livres du Dialogue de l'Orateur , traduits
en François, par le sieur A. D. C. A. F. *Paris*
1673. *in-12.* —

1073. Oraisons choisies de Ciceron en Latin
& en François, avec des notes Historiques ,
Critiques , Geographiques & Chronologi-
ques , *Paris* 1723. *in-12.*

1074. Traduction des Philippiques de Demo-
sthene, d'une des Verrines de Ciceron, avec
l'Eutiphron, l'Hyppias du Beau & l'Eutyde-
mus de Platon , par les sieurs de Maucroy &
de la Fontaine, *Amsterdam* 1688. *in-12.* 2.
vol. en un.

1075. Entretiens de Ciceron sur la nature des
Dieux, traduits par Mr. l'Abbé d'Olivet,
Paris 1721. *in-12.* 3. *vol.*

1076. Histoire de l'exil de Ciceron, par M. Mo-
rabin, *Paris* 1725. *in-12.*

1077. Ciceron de la nature des Dieux, Latin
& François, avec des remarques par Mr.
l'Abbé le Masson , *Paris* 1721. *in-12.* 3.
vol.

1078. Oraison de Ciceron pour Milon , tra-
duite avec des remarques, *paris* 1693. *in-12.*

1079. M. Fabii Quintiliani Institutiones Ora-
toriæ , cum notis Caroli Rolin , *Parisiis*
1715. *in-12.* 2. *vol.* —

1080. Diogene Laerce de la Vie des Philoso-
phes, traduit par Mr. B * * *. *paris* 1668.
in-12. 2. *vol.* —

1081. Conciones & Orationes ex Historicis
Latinis excerptæ, *Amst. Elzev.* 1662. *in-12.*

I

1082. Josephi Juvencii è Societate Jesu Orationes, *parisiis* 1701. *in-12. 2. vol.*

1083. Institutiones Philosophicæ *Edmundi Purchotii, Lugduni* 1711. *in-12. 5. vol.*

1084. La Méthode d'étudier & d'enseigner chrétiennement & solidement la Philosophie, par le R. P. Louis Thomassin, *paris* 1693. *in-8.*

1085. La Bibliotheque des Philosophes & des Sçavans tant anciens que modernes, par le sieur Gauthier, *paris* 1723. *in-octavo* 2. *vol.*

1086. Des. Erasmi Colloquia familiaria , cum notis Petri Rabi. *Ulma* 1712. *in-octavo.*

1087. Des. Erasmi Colloquia , *Amstelod. Elzevir.* 1662. *in-16.*

1088. Adagiorum Des. Erasmi Epitome , *Amstel.* 1663. *in-16.*

1089. Desiderii Erasmi Colloquia familiaria , *Trajecti ad Rhenum* 1676. *in-16.*

1090. Histoire de Boece Senateur Romain , avec l'Analyse de tous ses Ouvrages, par Mr. Gervaise, *paris* 1715. *in-12.*

1091. Les principes de la Philosophie , écrits en Latin par René Descartes, & traduits en François par un de ses amis, *Rouen* 1698. *in-12. avec figures.*

1092. Les Oeuvres de Platon, traduites en François par Mr. Dacier , *Paris* 1701. *in-12.* 2. *vol.*

1093. Histoire des sept Sages par Mr. de Larrey , *Rotterdam* 1713. *in-octavo* 2. *vol.*

1094. Histoire de la Philosophie Payenne, ou sentimens des peuples Payens sur Dieu, sur l'ame & sur les devoirs de l'homme, *la Haye* 1724. *in-12.* 2. *vol.*

1095. Dialogues entre Mrs Patru & d'Ablancourt sur les plaisirs, *Amst.* 1714. *in-12.* 2. *vol. en un.*

1096. Dialogues des Vivans, *Paris* 1717. *in-12.*

1097. Nouveaux Dialogues des Dieux, ou Reflexions fur les Paffions, *Cologne* 1713. *in* 12.

1098. Theatre Philofophique, fur lequel on reprefente par des Dialogues dans les Champs Elifées les Philofophes anciens & modernes & les femmes Philofophes par Mr. Bordelon, *Paris* 1693. *in-12.*

1099. L'Homme univerfel, traduit de l'Efpagnol de Balthafar Gracien, *Paris* 1723. *in-12.*

1100. La Science naturelle, ou explication curieufe & nouvelle des différens effets de la nature Celefte & Terreftre, *Paris* 1724. *in-12.*

1101. La Logique de Mr. Croufaz, *Amfterdam* 1720. *in-12.* 3. *vol.*

1102. —— La même, troifiéme édition revûë, corrigée & augmentée confiderablement, *Amfterdam* 1725. *in-12.* 4. *vol.*

1103. Traité du Beau, où l'on montre en quoi confifte ce que l'on nomme ainfi, par J. P. de Croufaz, *Amfterdam* 1724. *in-12.* 2. *vol.*

1104. Reflexions morales de l'Empereur Marc Antonin avec des remarques de Mr. & de Madame Dacier, *Amfterdam* 1707. *in-12.* 2. *vol. en un.*

1105. Sphere Hiftorique, ou explication des fignes du Zodiaque, des Planettes & des conftellations, *Paris* 1716. *in-12.*

1106. L'examen des efprits pour les Sciences, traduit de l'Efpagnol de Jean Huarte, par Mr. d'Alibray, *Paris* 1675. *in-12.* 2. *vol.*

1107. Les Oeuvres du P. Rapin qui contiennent

les comparaisons des grands hommes de l'Antiquité, *Amsterdam* 1709. *in-12.* 3. vol.

1108. Stultitiæ laus Desiderii Erasmi, cum figuris Holbenianis, *Basilea* 1676. *in-octavo.*

1109. Observations curieuses sur toutes les parties de la Physique, *Paris* 1719. *in-12.*

1110. Caractères naturels des hommes en cent Dialogues, par Mr. Bordelon, *Paris* 1692. *in-12.*

1111. Cinq Dialogues faits à l'imitation des anciens, par Oratius Tubero, *Francfort* 1716. 2. vol. *in* 12.

1112. De l'usage des Passions, par le R. P. Jean François Senault, *paris* 1664. *in-12.*

1113. Traité Philosophique, de la foiblesse de l'esprit humain, par Mr. Huet, *Amsterdam* 1723. *in-12.*

1114. De la Sagesse trois Livres, par Pierre Charron, *Leyde, Elzevir.* 1656. *in-12.*

1115. Les secrets les plus cachez de la Philosophie des anciens, par Mr. Crosset de la Haumerie, *paris* 1722. *in-12.*

1116. Système du cœur, ou la connoissance du cœur humain, *paris* 1708. *in-12.*

1117. De l'ame des Bêtes, par A. D***, *Lyon* 1676. *in-12.*

1118. La Physique occulte, ou traité de la Baguette divinatoire, par Mr. L. L. de Vallemont, *paris* 1693. *in-12.* 2. vol.

1119. Traité de l'éducation des enfans, par J. P. de Crosaz, *paris* 1722. *in-12.* 2. vol.

1120. Apologie ou justification d'Erasme, par Mr. l'Abbé Marsollier, *paris* 1713. *in-12.*

1121. Traité de l'amitié, par Mr. de Sacy, *paris* 1714. *in-12.*

1122. La Vie d'Epictete & sa Philosophie, par G. Boileau, *paris* 1667. *in-12.*

1123. Le Mentor moderne, ou discours sur les Mœurs du siecle, traduit de l'Anglois, *la Haye* 1723. *in-12. 3. vol.*

1124. Le Spectateur Anglois, ou le Socrate moderne, où l'on voit un portrait naif des mœurs de ce siecle, traduit de l'Anglois, *Amsterdam* 1714. *& suivantes, in-12. 5. vol.*

1125. La Vie de Socrate, par Mr. Charpentier, *Amsterdam* 1699. *in-12.*

1126. Abregé des Vies des anciens Philosophes, avec un Recueil de leurs plus belles maximes, par Mr. de Fenelon, *Paris* 1726. *in-12.*

1127. La Vie du Tasse, par Mr. D. C. D. D. V. *Paris* 1690. *in-12.*

1128. Histoire Critique des pratiques superstitieuses qui ont seduit les peuples & embarrassé les Sçavans, par le P. le Brun, *Paris* 1702. *in-12.*

1129. Panegyrique de Trajan, par Pline le jeune, traduit par Mr. de Sacy, *Paris* 1709. *in-12.*

1130. Discours de la connoissance des Bestes, par le P. Ignace Gaston Pardies, *Paris* 1678. *in-12.*

1131. L'esprit des Essais de Michel, Seigneur de Montaigne, *Paris* 1677. *in 12.*

1132. Traité de la Gloire, par Mr. de Sacy, *Paris* 1715. *in-12.*

1133. Traité des Festins, par Mr. Muret, *paris* 1682. *in-12.*

1134. Entretiens sur la Métaphysique & sur la Religion, par le P. Mallebranche, *Paris* 1696. *in-12. 2. vol.*

Poëtes Grecs, Latins, François & Italiens.
In-octavo & in-12.

1135. HOmeri Opera Græco-Latina, *Amstelodami, ex off. Westeniana* 1707. 2. *vol. in-*12.

1136. L'Illiade & l'Odissée, traduits en François, par Madame Dacier, *paris* 1711. 6. *vol. in-*12.

1137. L'Illiade & l'Odissée, par Mr. D*** *paris* 1709. 4. *vol. in* 12.

1138. Dissertation Critique sur l'Illiade d'Homere, par Mr. l'Abbé Terrasson, *paris* 1715. 2. *vol. in-*12.

1139. Apologie d'Homere, par le R. P. Hardouin, *Paris* 1716. *in* 12.

1140. Apologie d'Homere & Bouclier d'Achille, *paris* 1715. *in-*12.

1141. Homere Vengé, ou Réponse à Mr. de la Motte, sur l'Illiade, *Paris* 1715. *in-*12.

1142. Homere deffendu, contre l'apologie du P. Hardouin, ou suite des causes de la corruption du goût, *Paris* 1716. *in-*12.

1143. L'Homere travesti, ou l'Illiade en vers burlesques, *orné de figures en tailles douces, Paris* 1716. *in-*12. 2. *vol.*

1144. Menandri & Philemonis reliquiæ, Græc. & Lat. cum notis Hug. Grotii & J. Clerici. *Amstelod.* 1709. *in-octavo.*

1145. Les Idilles de Bion & de Moschus, tra-

duites de Grec en vers François, *paris 1686.*
in-12.

1146. Les Oeuvres d'Anacreon & de Sapho,
traduites de Grec en vers François, par Mr.
de Longepierre, *Amsterdam 1692. in-12.*

1147. Traduction nouvelle des Odes d'Ana-
creon sur l'original Grec, par Mr. de la
Fosse, *Paris 1704. in-12.*

1148. Les Odes d'Anacreon & de Sapho en
vers François, par le Poëte sans fard, *Rotter-*
dam 1712. in-12.

1149. Le Plutus & les Nuées d'Aristophane,
traduites en François par Mademoiselle le
Fevre, *Paris 1684. in-12.*

1150. L'Oedipe & l'Electre de Sophocle, tra-
duites en François, *Paris 1692. in-12.*

1151. Q. Horatius Flaccus, accedunt J. Rut-
gersii Lectiones Venusinæ, *Trajecti - Bat.*
1699. in-12.

1152. Quinti Horatii Flacci Opera, *Londini*
1715. in 12.

1153. Q. Horatius Flaccus, scholiis sive annot.
instar commentarii illustratus à J. Bond. *Am-*
stelodami 1650. in-12.

1154. P. Rodellii Horatius ad Serenissimum
Galliarum Delphinum, *Parisiis 1696. 3. vol.*
in-12.

1155. Q. Horatii Flacci carmina expurgata,
notis ac perpetua interp. illustravit J. de
Jouvenci S. J. *Parisiis 1686. 3. vol in-12.*

1156. Oeuvres d'Horace en Latin & en Fran-
çois, avec des remarques Critiques & His-
toriques, par Mr. Dacier, *paris 1719. 10 vol.*
in-12.

1157. Traduction des Oeuvres d'Horace, par
le P. Tarteron, *Paris 1713. 2. vol. in-12.*

1158. P. Virgilii Maronis Opera, *Londini*
1715. in-12.

1159. P. Virgilii Maronis Opera , *Parisiis*
1714. *in-12.*

1160. P. Virgilii Opera Interpret. & notis,
illustravit Carolus Ruæus Societ. Jesu, *Pa-*
risiis 1699. 3. *vol. in-12.*

1161. Les Eglogues de Virgile , traduites en
vers François, par Mr. Richer Avocat ,
Rouen 1717. *in-12.*

1162. Les Oeuvres de Virgile , traduction
nouvelle, par le P. Catrou de la Compa-
gnie de Jesus, *paris* 1716. 6. *vol. in-12.*

1163. Nouvelles remarques sur Virgile & sur
Homere, & sur le prétendu stile poëtique
de l'Ecriture Sainte, 1710. *in-12.*

1164. Les Georgiques de Virgile , traduites
en vers François, par Mr. Segrais, *paris*
1718. *in octavo.*

1165. Traduction de l'Enéide de Virgile, par
Mr. Segrais, *à Amsterdam* 1700. 2. *vol.*
in-12.

1166. Remarques sur Virgile & sur Homere,
& sur le stile poëtique de l'Ecriture Sainte,
paris 1705. *in-12.*

1167. Publii Ovidii Nasonis opera, editio
nova N. Heinsius Dan. Fr. recensuit ac
notas addidit , *Amstelodami* 1661. *in-12.*
3. *vol.*

1168. Operum P. Ovidii Nasonis Editio nova,
Nic. Heinsius Dan. F. recensuit , ac notas
addidit . *Amstelodami* 1661. *in-16.* 3. *vol.*

1169. P. Ovidii Nasonis Opera tribus tomis
comprehensa, *Londini,* 1715. 3. *vol. in-12.*

1170. P. Ovidii Nasonis Opera, *Amstelodami*
1652. 3. *vol. in-24.*

1171.   Idem *en un vol.*

1172. Le premier Livre des Fastes d'Ovide,
Traduction nouvelle, *Paris* 1714. *in-12.*

1173. Les Epîtres amoureuses d'Ovide, traduites en François, nouvelle Edition augmentée & embellie de figures, *Cologne* 1702. 2. *vol. in-12.*

1174. Les Epîtres & toutes les Elégies amoureuses d'Ovide, traduites en vers françois, *la Haye* 1704. *in-12.*

1175. Épîtres choisies des Héroïnes d'Ovide, traduites en vers françois, par Mr. Richer, Avocat au Parlement de Rouen, *Paris* 1723. *in-12.*

1176. Commentaires sur les Epîtres d'Ovide, par Messire Gaspard Bachet sieur de Meziriac, *la Haye* 1676, *in-octavo*, 2. *vol.*

1177. Decii Junii Juvenalis & Auli Persii Flacci Satiræ, *Londini* 1716. *in-12.*

1178. D. J. Juvenalis & Auli Persii Flacci Satiræ, *Amstelodami* 1671. *in-24.*

1179. D. J. Juvenalis Satiræ, cum notis ac perpetua interpretatione Josephi Juvencii è Societate Jesu, *Parisiis* 1715. *in 12.*

1180. Traduction nouvelle des Satires de Juvenal en vers françois, avec des remarques sur les passages difficiles, *Paris* 1691. 2. *vol. in-12.*

1181. Traduction nouvelle des Satires de Perse & de Juvenal, *paris* 1698. *in-12.*

1182. Traduction nouvelle des Satires de Perse en vers françois, par Mr. de Silvecane, *Lyon* 1693. *in-12.*

1183. M. Acci Plauti Comœdiæ, *Amstelodami,* 1652. *in-24.* 2. *vol.*

1184. Comédie de Plaute traduite en françois, avec des Remarques, par Mademoiselle le Fevre, *Paris* 1683. 3. *vol. in-12.*

1185. Les Oeuvres de Plaute en Latin & en François, traduction nouvélle enrichie de

figures , par Mr. de Limiers , *Amsterdam*
1719. 10. *vol. in* 12.

1186. Les Captifs, Comédie de Plaute , tra-
duite en françois par Mr. Coste, *Amsterd.*
1716. *in - 12.*

1187. Les Comédies de Térence, par Madame
Dacier , *Rotterdam* 1718. 3. *vol in -12.*
grand papier.

1188. P. Terentii Carthaginensis Afri Comœ-
diæ sex, *Londini* 1712. *in-12.*

1188. * M. Valerii Martialis Epigrammata,
Londini 1716. *in-12.*

1189. M. V. Martialis Epigrammata, cum in-
terpretatione ac notis, *parisiis* 1693. *in-12.*

1190. M. V. Martialis ex Museo P. Screverii,
Amstelodami in-24.

1191. M. Annæi Lucani Pharsalia , cum notis
Hug. Grotii & Tho. Farnabii, *Amstelod.*
1681. *in-octavo.*

1192. La Pharsale de Lucain , en vers françois,
par Brebeuf , *la Haye* 1683. *in-12.*

1193. Catulli, Tibulli & Propertii Opera , *Lon-*
dini 1715. *in-12.*

1194. Catullus, Tibullus, Propertius cum C.
Galli fragmentis; *Amstelod.* 1686. *in-24.*

1195. Titi Lucretii Cari de rerum naturâ Libri
sex , *Londini* 1713. *in-12.*

1196. Lucrece, de la nature des choses , tra-
duit par le Baron Descoutures, *Paris* 1708
2. *vol. in-12.*

1197. L. & M. Annæi Senecæ Tragœdiæ , cum
notis Thom. Farnabii, *Amstelodami* 1643.
in-12.

1198. P. Papinii Statii Opera ex recensione &
cum notis Fred. Gronovii , *Amstelodami*
1653. *in-24.*

1199. L. Annæi Senecæ & aliorum Tragœdiæ ,

Amstelodami , 1668. *in-24.*

1200. D. Magni Burdigalensis Opera, *Amstelodami* 1621. *in-24.*

1201. Claudiani quæ extant ex emendatione Nicolai Heinsii , *Amstelod. Elzevir.* 1650. *in-24.*

1202. Prudentii Opera ex recensione doctorum Virorum , *Amstelodami* 1625. *in-24.*

1203. Georgii Buchanani Poëmata , *Amstelod.* 1687. *in 16.*

1204. Les Pensées ingénieuses , ou les Epigrammes d'Owen traduites en françois. par Mr. L. B. avec le latin à côté, *Paris* 1710. *in-12.*

1205. Joannis Oweni Epigrammata , *Lugduni* 1666. *in-16.*

1206. Comes Rusticus ex optimis Latinæ Linguæ Scriptoribus excerptus , *Parisiis* 1708. *in-12.*

1207. Josephus fratres agnoscens, Tragœdia, Autore Gabriele Francisco le Jay , *Parisiis* 1695. *in-12.*

1208. Joannis Corvini è Societate Jesu , Opera posthuma, *Parisiis* 1704. *in-12.*

1209. Renati Rapini Eclogæ , cum dissertatione de Carmine Pastorali, *Parisiis* 1723. *in-12. 3. vol.*

1210. Jacobi Vanerii è Societate Jesu , Prædium rusticum, *Parisiis* 1707. *in-12.*

1211. Varia de variis argumentis Carmina à multis è Societate Jesu , *Parisiis* 1696. *in-12*

1212. Natalis Stephani Sanadonis è Societate Jesu Carmina , *parisiis* 1715. *in-12.*

1213. Joannis-Antonii du Cerceau è Societate Jesu Carmina , *parisiis* 1705. *in-12.*

1214. Caroli Ruæi è Societate Jesu Carmina, *parisiis* 1688. *in-12.*

1215. Epigrammatum delectus ex omnibus

tum veteribus tum recentioribus Poetis, decerptus, *Londini* 1686. *in-12.*

1216. ———— Idem, editio septima, *Londini* 1711. *in-12.*

1217. Petri Danielis Huetii Episcopi Abrincensis Carmina, *parisiis* 1709. *in-12.*

1218. Acutè dicta veterum Poetarum Latinorum in usum SS. Ducis Guisii, *parisiis* 1664. *in-12.*

1219. Annus Sacer Poeticus, sive selecta de divis cœlitibus epigrammata in singulos anni dies tributa à R. P. Petro Justo Sautel è Societate Jesu, *Lugduni* 1679. *in-12.*

1220. Daniel seu verus Dei cultus in Oriente restitutus, Tragœdia, autore P. Gabriele-Francisco le Jay, *paris.* 1703. *in-12.*

1221. Jacobi Vanierii è Societate Jesu Vites, *parisiis* 1696. *in - 12. 2. vol.*

1222. Sidronii Hasschii, Jacobi Vallii & Guillelmi Becani Poemata *parif.* 1723. *in-12. 2. v.*

1223. Joannis Baptistæ Santolii Opera omnia, *Parisiis* 1698. *in-12.*

1224. ———— Ejusdem Hymni Sacri & Novi, *parisiis* 1688. *in-12.*

1225. Traduction en vers François des Hymnes de Mr. de Santeuil par Mr. Saurin, *paris* 1699. *in-12.*

1226. Oeuvres de feu Mr. de Santeuil, avec les traductions par differens Auteurs mises au jour par P. A. Pinel de la Marteliere, *Paris* 1698. *in-12.*

1227. Cl. S. exæd. Par. Hymni Sacri. *Parisiis* 1723. *in-12.*

1228. La méthode d'étudier & d'enseigner chrétiennement & solidement les Poetes, par le P. L. Thomassin, *Paris* 1681. *in-octavo* 3. *vol.*

1229

1229. La Pratique du Theatre, par l'Abbé d'Aubignac, *Amsterdam* 1715 *in-8°. 2. vol. grand papier.*

1230. Principes de Philosophie, ou preuves naturelles de l'existence de Dieu, & de l'immortalité de l'ame, par Mr. l'Abbé Genests, en vers François, *paris* 1716. *in-octavo.*

1231. L'Art de la Poësie Françoise & Latine, avec une idée de la Musique, par le sieur de la Croix, *Lyon* 1694. *in-12.*

1232. Regles de la Poësie Françoise, par Mr. de Chalons, *paris* 1716. *in 12.*

1233. Traité de la Poësie Françoise, par le P. Mourgues, avec plusieurs observations sur chaque espece de Poësie, *paris* 1724. *in-12.*

1234. Histoire Poëtique pour l'intelligence des Poëtes & des Auteurs anciens, par le Pere Gautruche, *Paris* 1700. *in-12.*

1235. Traité du Poëme Epique, par le Pere le Bossu, *Paris* 1708. *in-12.*

1236. Poësies de Mr. de la Monnoye, avec son éloge, publiées par Mr. de S ***, *la Haye* 1716. *in-octavo.*

1237. Receuil de Poësies diverses du P. du Cerceau, *paris* 1726. *in-octavo.*

1238. Histoire de la Poësie Françoise, par Mr. l'Abbé Mervesin, *paris* 1706. *in-12.*

1239. Les Oeuvres de Clement Marot, *la Haye* 1700. *in-12. 2. vol.*

1240. Recueil de quelques pieces nouvelles & galantes, tant en prose qu'en vers, *Utrecht* 1699. *in-12.*

1241. La Farce de Maistre Pierre Pathelin avec son Testament à quatre personnages, *Paris* 1723. *in-12.* Et les Oeuvres de François Villon, 1723. *paris in-12. reliez ensemble.*

1242. Les Satyres & autres Oeuvres du sieur

Regnier, *Paris* 1667. *in-12.*

1243. Recueil des plus belles pieces des Poë-
tes François, depuis Villon jusqu'a Mr. de
Benserade, *paris* 1692. *in-12.* 5. *vol.*

1244. Les Poësies de Malherbe, avec les obser-
vations de Mr. Menage, *paris* 1689. *in-12.*

1245. Les Oeuvres de François de Malherbe,
avec les observations de Mrs. Menage &
Chevreau, *paris* 1722. *in-12.* 3. *vol.*

1246. L'Eleve de Terplicore, ou le Nourrisson
de la Satyre, *Amsterdam* 1718. *in-12.* Et
les Poësies de Mr. Chevreau, *la Haye* 1716.
in-12. reliez ensemble.

1247. Poëmes & autres Poësies de Mr. l'Abbé
de Villiers, *paris* 1712. *in 12.*

1248. Poësies Françoises de Mr. l'Abbé Regnier
des Marais, *Paris* 1707. *in-12.*

1249. Poësies Françoises de Mr. l'Abbé Re-
gnier des Marais, *à la Haye* 1716. 2. *vol.*
in-12.

1250. Joseph, ou Esclave Fidele, Poëme,
Breda 1710. *in-12.*

1251. Oeuvres de Nicolas Boileau Despreaux,
avec des éclaircissemens historiques, *Am-
sterdam, Mortier* 1717. 4. *vol. in-12.*

1252. Recueil de Vers choisis, *paris* 1701. *in-
12.*

1253. Recueil de Vers choisis, *paris* 1693. *in-
12.*

1254. Poisson Comedien aux Champs Elisées,
Paris 1710. *in-12.*

1255. Les plaisirs de la Poësie galante & amou-
reuse, *in-12.*

1256. Nouveau Recueil d'Enigmes, *paris* 1721.
in-12.

1257. Epigrammes & autres pieces de Mr. de
Senecé, *paris* 1717. *in-12.*

1258. Nouveau Recueil d'Epigrammatistes François, anciens & modernes, *Amsterdam* 1720. 2. *vol. in-12.*

1259. Oeuvres diverses du sieur R ***, *Soleure* 1712. *in-12.*

1260. Recueil des plus belles Epigrammes des Poëtes François, *paris* 1698. 2. *vol. in-12.*

1261. Oeuvres du sieur D ***, avec un Recueil de Poësies choisies de Mr. de B *** , *Amsterdam* 1714. 2. *vol. in-12.*

1262. Les Oeuvres du sieur Rousseau, *Rotterdam* 1712. 3. *vol. in-12.*

1263. La Ligue, ou Henry le Grand, Poëme Epique, par Mr de Voltaire , *Geneve* 1723. *in octavo.*

1264. Les Oeuvres de Mr. de Voiture , *paris* 1713. 2. *vol. in-12.*

1265. Le Poëte sans fard , ou Discours Satiriques, *in-12.*

1266. Les Poëtes Grecs de Mr. le Fevre , *Saumur* 1664. *in-12.*

1267. Nouvelles Oeuvres de Mr. le Pays, *paris* 1672. 2. *vol. in-12.*

1268. Amitiez, Amours & Amourettes , par Mr. le Pays , *paris* 1699. *in-12.*

1269. Les Poësies Chrétiennes d'Antoine Godeau , Evêque de Grasse , *Paris* 1660. 3. *vol. in-12.*

1270. Stances Chrétiennes sur divers passages de l'Ecriture sainte , par Mr. l'Abbé Testu, *Paris* 1703. *in-12.*

1271. Paraphrase des Pseaumes, par Antoine Godeau , Evêque de Grasse, *Paris* 1649. *in-12.*

1272. Les Fastes de l'Eglise , pour les douze mois de l'année, par feu Messire Antoine Godeau, Evêque de Vence, *Paris* 1674. *in-12.*

1273. Poëme de faint Profper contre les In-
grats, latin & françois, *Paris* 1717. *in*-12.

1274. Odes de Mr. de la Mothe , de l'Acadé-
mie Françoife , *Paris* 1713. *in octavo.*

1275. L'Iliade, Poëme , par le même, *Paris*
1714 *in-octavo.*

1276. —— Idem , par le même, *paris* 1720.
in-octavo

1277. Fables nouvelles , par le même, *Paris*
1719. *in*-12.

1278. Réflexions fur la Critique, par le même,
Paris 1716.

1279. Le Parterre du Parnaffe François, par
Mr. Bonafous, *Amfterdam* 1709. *in*-12.

1280. Le Voyage du Parnaffe , *Rotterdam*
1716. *in*-12.

1281. Recueil de Chanfons choifies , *Paris*
1698. *in*-12. 2. *vol.*

1282. Recueil de Pieces galantes en profe &
en vers de Madame la Comteffe de la Suze &
de Mr. Peliffon, *Paris* 1696. 4. *tomes en* 2.
vol. in-12.

1283. Les Oeuvres de Theophile , *paris* 1661.
in 12.

1284. Abregé des Vies des Poëtes Grecs & La-
tins , *Paris* 1707. *in*-12.

1285. Recueil de Pieces choifies , tant en
profe qu'en vers , raffemblées en 2. *vol.*
la Haye 1714. 2. *vol. in*-12.

1286. Clovis , Poëme dédié au Roi , *Paris*
1705. *in-octavo.*

1287. C. F. Fragueri Mopfus, feu Schola Pla-
tonica, *Parifiis* 1721. *in-octavo.*

1288. Poëfies de Mr. de Chaulieu & de Mr. le
Marquis de la Fare, *Amfterdam* 1724. *in-*
octavo.

1289. Poëfies héroïques , morales & fatiriques, par Mr. D ** *Harlem* 1696. *in-octavo.*

1290. Les Fables de Mr. le Brun , *Paris* 1722. *in- 12.*

1291. Oeuvres poëtiques de Mellin de saint Gelais , *Paris* 1719. *in-12.*

1292. Poësies de Madame Deshoulieres , *paris* 1694. 2. *vol. in-12.*

1293. Poëme sur la grace , 1722. *in-octavo.*

1294. Nouveau choix de Pieces choisies , *Nancy* 1715. 2. *vol. en un tome.*

1295. Les Oeuvres de Mr. Sarasin , *Paris* 1683. 2. *vol. in-12.*

1296. Oeuvres de Mr. Pavillon , *Amsterdam,* 1720.

1297. Oeuvres de Nicolas Boileau-Despréaux, avec des éclaircissemens historiques , enrichies de figures gravées par Bernard Picart, *la Haye* 1722. 4. *vol. in-12.*

1298. Les Oeuvres de Mr. de la Chapelle, contenant les Amours de Catulle , *Paris* 1700. 2. *vol. in-12.*

1299. Les Amours de Tibulle , par Mr. de la Chapelle, *Paris* 1712. 3. *vol. in-12.*

1300. Recueil de Poësies Chrétiennes & diverses , par Mr. de la Fontaine , *paris* 1682. 3. *vol. in-12.*

1301. Fables choisies de Mr. de la Fontaine , *paris* 1715. *in-12.*

1302. ———— Les mêmes , *paris* 1678. 5. *vol. in-12.*

1303. Oeuvres de Mr. Racine , *paris* 1697. 2. *vol. in-12.*

1304. Les Oeuvres de Pierre & de Thomas Corneille , *paris* 1706. 10. *vol. in-12.*

1305. Les Oeuvres de Mr. Scaron , *paris* 1711. 11. *vol. in-12.*

1306. Les Oeuvres de Mr. Scaron. *Amsterdam*
     1695. 8. *vol. in-12.*

1307. Les Oeuvres de Mr. Moliere, *paris* 1710
     8. *vol. in-12.*

1308. Tragédies de Mr. Campiftron , *paris*
     1707. *in-12.*

1309. —————— Les mêmes, *Amsterdam* 1722.
     2 *vol. in-12.*

1310. Tragédies de Mr. de la Grange , *paris*
     1701. *in* 12.

1311. Oeuvres de Mr. de la Fofle, *paris* 1696.
     in-12.

1312 Oeuvres de Théatre, de Néricaut Def-
     touches *paris* 1713. *in-12.*

1313. Les Oeuvres de Baron , *paris* 1704.
     in-12.

1314. —————— de Mr. Pradon , *paris* 1700.
     in-12.

1315. Les Oeuvres de Mr. Poiffon , *paris* 1679
     in-12.

1316. —————— de Mr. Crébillon , *paris* 1711.
     in-12.

1317. —————— de Mr. de Hauteroche , *paris*
     1696. *in-12.*

1318. Le Théatre de Riviere , *paris* 1694.
     in-12.

1319. Le Théatre Italien de Gherardi , *paris*
     1700. 6. *vol. in-12.*

1320. Nouveau Théatre Italien , *paris* 1723.
     4. *vol. in-12.*

1321. Le Théatre de la Foire , ou l'Opera Co-
     mique, *paris* 1721, 5. *vol. in* 12.

1322. Théatre François , ou Recueil des meil-
     leures Pieces de l'héatre , *paris* 1705. 3. *vol.*
     in 12.

1323. Théatre de Mr. Bourfaut *paris* 17012.
     vol. in-12.

1324. ——— Le même, *paris* 1725. 3. *vol.*
in-12.

1325. Le Théatre de Mr. Quinaut, *paris* 1715.
5. *vol. in-12.*

1326. ——— Le même, *Amsterdam* 1697.
2. *vol. in-12.*

1327. Les Oeuvres de Mr. de Montfleury, *paris*
1705. 2. *vol. in-12.*

1328. ——— de Mr. Regnard, *paris* 1708.
2. *vol. in-12.*

1329. ——— de Mr. de Palaprat, 1711. 2.
vol. in-12.

1330. Recueil général des Operas, *paris* 1703
11. *vol. in-12.*

1331. Recueil de diverses pieces de Théatre,
de differens Auteurs, *paris* 9. *vol. in-12.*

1332. Pieces de Théatre tant Tragédies que
Comédies, 58. *vol. in-12.*

1333. Il Pastor Fido, *in Amsterdam*, 1678.
in-32.

1334. La Done, Poëma Heroïco, del C. Ma-
rino, *in Amsterd.* 1678. 4. *vol. in-32.*

1335. Il Goffredo Overo Gierusalemme libe-
rata, del Sig. Torq. Tasso, *in Amsterd.*
1678. 2. *vol. in-32.*

1336. Aminta Favola Boscareccia di Torq.
Tasso, *in Amsterd.* 1678. *in-32.*

1337. Filli di Sciro, *in Amsterd.* 1678. *in-*
32.

1338. Le Berger fidele, en vers françois, *Lyon*
1707. *in-12.*

1339. Il Pastor fido, ou le Berger fidele, ita-
lien & françois, *paris* 1676. *in-12.*

1340. L'Aminte du Tasse, Pastorale, *paris*
1676. *in-12.*

1341. La Secchia rapita, le Seau enlevé, italien
& françois, *paris* 1678. 2. *vol. in-12.*

K iiij

LITTERATURE ET CRITIQUE.
In-octavo & in-12.

1342. Bibliotheque Germanique, ou Hiſtoire Litteraire de l'Allemagne & des Pays du Nord, depuis le mois de Juillet 1720. juſqu'à l'année 1725. *Amſterdam* 1720. 10. *vol. in-12. reliés en 5. tomes.*

1343. Bibliotheque Critique, *Baſle* 1709. 6. *vol. in-12.*

1344. Memoires de Litterature, par feu Mr. de Salengre, *à la Haye .1715. avec la ſuite de paris 1726. 3. vol. in-12.*

1345. Journal litteraire depuis le mois de May 1713. juſqu'à l'année 1718. *à la Haye 1715.* 8. *vol. in-12.*

1346. Fragmens d'Hiſtoire & de Litterature, *à la Haye 1706. in-12.*

1347. Mélange Critique de Litterature, *Amſterdam 1701. in-12.*

1348. Mélanges d'Hiſtoire & de Litterature, par Mr. Vigneul Marville, *Paris* 1713. 3. *vol. in-12.*

1349. Mélange Critique de Litterature, par Mr. Ancillon, *Baſle* 1698. 3. *vol in-12.*

1350. Eſſais de Litterature pour la connoiſſance des Livres depuis le mois de Juillet 1702. juſqu'à 1704. par Mr. Pelheſtre, *Paris* 1702. 5. *vol. in-12.*

1351. Hiſtoire de Mr. Bayle & de ſes Ouvrages, par Mr. de la Monnoye, *Amſterdam* 1716. *in-12.*

1352. Memoires Historiques, Politiques, Critiques & Litteraires, par Mr. Amelot de la Houssaye, *Amsterdam* 1722. 2. *vol. in-12.*

1353. Abregé de l'Histoire des Sçavans anciens & modernes, *Paris* 1708. *in-12.*

1354. Jugemens des Sçavans, par Mr. Gibert, *Paris* 1713. 3. *vol. in-12.*

1355. Anti-Baillet, par Mr. Ménage, *la Haye* 1690. 2. *vol. in-12.*

1356. Carpentariana ou Bons Mots de Mr. Charpentier de l'Academie Françoise, *paris* 1724. *in - 12.*

1357. Polissoniana, ou Recueil de Turlupinades, Quolibets, &c. *Amsterdam* 1722. *in-12.*

1358. Huëtiana, ou pensées diverses de Mr. Huet, *paris* 1722. *in-12.*

1359. Chevræana, ou Bons Mots de Mr. Chevreau, *paris* 1697. 2. *vol. in-12.*

1360. Oeuvres mêlées de Mr. Chevreau, *à la Haye* 1717. 2. *vol. in-12.*

1361. Anonimiana ou mélanges de Poësie, d'Eloquence & d'érudition, *paris* 1700. *in-12.*

1362. Poggiana, ou les Bons Mots de Pogge avec sa vie, *Amsterdam* 1720. 2. *vol. in-12.*

1363. Valesiana, ou pensées de Mr. de Valois, *paris* 1694. *in-12.*

1364. Vasconiana, ou Bons Mots des Gascons, *paris* 1710. *in-12.*

1365. Menagiana, ou les bons mots, les pensées Critiques, Historiques & Morales de Mr. Ménage, *paris* 1715. 4. *vol. in-12.*

1366. Sorberiana, *Tolosa* 1694. *in-12.*

1367. Furetieriana, ou Bons Mots de Mr. Furetiere, *paris* 1708. *in-12.*

1368. Arlequiniana ou Bons Mots & Plaisante-
ries du sieur Arlequin , *paris* 1694. *in-12.*

1369. Naudæana & Patiniana, *Paris* 1701. *in-
12.*

1370. Scaligerana , *Colonia* 1677. *in-12.*

1371. Perroniana & Thuana , *Colonia* 1691.
in-12.

1372. Recueil des Bons Mots des anciens & des
modernes , *Paris* 1709. *in-12.*

1373. Elite des Bons Mots & des Pensées choi-
sies en Ana , *Amsterdam* 1711. *in-12.*

1374. ———— Le même 1709. *in-12.*

1375. De Charlataneria eruditorum , *Amstelo-
dami* 1716. *in-12.*

1376. Saillies d'Esprit , *Rotterdam* 1726. 2.
vol. in-12. brochez.

1377. Pensées choisies de Mr. l'Abbé Boileau,
paris 1718. *in-12.*

1378. Oeuvres diverses de Mr. de Segrais, *Am-
sterdam* 1723. *in-12.*

1379. Les Eloges des Hommes Sçavans , par
Teissier, *Leyde* 1715. 4. *vol. in-12.*

1380. Dialogues sur l'Eloquence, par Mr. Fe-
nelon , *Paris* 1718. *in-12.*

1381. Reflexions Critiques sur la Poësie & sur
la Peinture , *Paris* 1719. 2. *vol. in-12.*

1382. Histoire de l'Academie Françoise, par
Mr. Pelisson , *Paris* 1700. *in-12.*

1383. Nouvelles Remarques ou reflexions cri-
tiques, morales & historiques, par Mr. Bor-
delon , *Lyon* 1695. *in-12.*

1384. Les Oeuvres de Mr. le Chevalier de Mé-
ré , *Amsterdam* 1712. 3. *vol. in-12.*

1385. Les Apophtegmes ou Bons Mots des
anciens, par Mr. d'Ablancourt , *Hollande*
1694. *in-12.*

1386. Des causes de la corruption du Goust ,

par Madame Dacier, *paris 1714. in-12.*

1387. Vincentii Paravicini singularia de viris eruditione Claris , *Basilea 1713. in-octavo.*

1388. Livre sans nom , *paris 1695. in-12.*

1389. Pensées ingenieuses des Peres de l'Eglise, du Pere Bouhours, *paris 1700. in-12.*

1390. La maniere de bien penser dans les Ouvrages d'esprit, du même, *paris 1691. in-12.*

1391. Les Entretiens d'Ariste & d'Eugene, du même, *paris 1683. in-12.*

1392. Pensées ingenieuses des anciens & des modernes, du même, *Paris 1698. in-12.*

1393. Entretiens sur les Sciences , *Lyon 1706. in-12.*

1394. Recherches historiques , curieuses & remarquables, *Paris 1713. in-12.*

1395. Réponse à l'Histoire des Oracles, de Mr. de Fontenelle, *Strasbourg 1709. 2. vol. in-octavo.*

1396. Bibliotheque des Gens de Cour, ou Bons Mots d'Henry IV. de Louis XIV. & de plusieurs Princes & autres Personnes illustres, par Mr. Gayot de Pitaval, *Paris 1722. 2. vol. in-12.*

1397. La Langue, *Paris 1720. 2. vol. in-12.*

1398. Histoire des Contestations sur la Diplomatique, *Paris 1708. in-12.*

1399. Pensées sur la Comete, par Mr. Bayle , *Rotterdam 1721. 4. vol. in-12.*

1400. Parrhasiana ou Pensées diverses , *Amsterdam 1701. 2. vol. in-12.*

1401. L'Esprit de Guy Patin, *Amsterdam 1709. in-12.*

1402. Apologie pour les Grands Hommes soupçonnez de Magie, par Mr. Naudé, *Amsterdam 1712. in-12.*

1403. Les Oeuvres de Mr. de Saint-Evremont *Londres* 1711. 7. *vol. in-*12.

1404. Les Memoires de Mr. de Saint-Evremont, *Paris* 1702. 2. *vol. in-*12.

1405. Saint-Evremoniana, ou pensées diverses de Mr. de Saint-Evremont, *Rouen* 1710. *in-*12.

1406. Méthode pour étudier l'Histoire, par Mr. l'Abbé Langlet, *Paris* 1713. 2. *vol. in-*12.

1407. De la maniere d'enseigner & d'étudier les Belles Lettres, par Mr. Rollin, *Paris* 1726. 2. *vol. in-*12.

1408. Méthode pour étudier la Theologie, *Paris* 1726. *in-*12.

1409. Histoire de Pierre de Montmaur, par Mr. de Sallengre, *la Haye* 1715. 2. *vol. in-*12.

1410. Mémoires concernant les Vies & les Ouvrages de plusieurs Modernes célébres dans la République des Lettres, par Mr. Ancillon, *Amsterdam* 1709. *in-*12.

1411. Sentimens de Cléante sur les Entretiens d'Ariste & d'Eugene, *paris* 1700. 2. *vol. in-*12.

1412. Historia Flagellantium, *parisiis* 1700. *in-*12.

1413. Les Elémens de l'Histoire, par Mr. l'Abbé de Vallemont, *paris* 1702. 3. *vol. in-*12. *avec figures.*

1414. Cent Questions & Réponses, par Mr. l'Abbé Bordelon, *paris* 1704. 2. *vol. in-*12 *brochés.*

1415. Histoire d'Erasme, par Mr. de la Bizardiere, *paris* 1721. *in-*12.

1416. Recueil de Pieces d'Eloquence & de Poësies, de Messieurs de l'Académie Françoise çoife depuis l'année 1671. jufques & compris l'année 1723. *paris* 1 6 9 6. 26. *vol. in-12.*

1417. La Critique du Théatre Anglois, traduite de l'Anglois, de Mr. Collier, *paris* 1715. *in 12.*

1418. Le Babillard, ou le Nouvellifte, traduit de l'Anglois, *Amfterdam* 1725. *in-12.*

1419. Lettres fur les Anglois & fur les François, 1720. 2 *vol. in-12.*

1420. Lettres Hiftoriques & Galantes de Madame des Noyers, *Amfterdam* 1720. 5. *vol. in-12.*

1421. Lettres de Mr. Bourfault, *paris* 1700. 3. *vol. in-12.*

1422. ———— de Mr. Simon, *Rotterd.* 1702. 3. *vol. in-12,*

1423. Lettres de Mr. l'Abbé * * * à Mr. l'Abbé de Houtteville, *paris* 1722. *in-12.*

1424. Les plus belles Lettres Françoifes, par Mr. de Richelet, *paris* 1705. 2. *vol. in-12.*

1425. Lettres critiques au fujet de la Poëfie, *paris* 1712. *in-12.*

1426. Les Lettres de Pline le jeune, par Mr. de Saci, *paris* 1702. 3. *vol. in-12.*

1427. Lettres de Madame de Sevigné, à Madame la Comteffe de Grignan, 1726. *in-12.*

1428. Les Lettres de François Rabelais, *Bruxelles* 1710. *in-12.*

1429. ———— de Mr. Bayle, *Rotterdam* 1714. 3. *vol. in-12.*

1430. ———— de Mr. Patin, *Hollande* 1692. 3. *vol. in-12.*

1431. Nouvelles Lettres de feu Mr. Patin, *la Haye* 1718. 2. *vol. in-12.*

1432. Nouveau Recueil de Lettres choifies de

L

feu Mr. Patin, *Rotterdam* 1665. *in-12.*

1433. Les Lettres Persanes, *Cologne* 1721. 2. *vol. in-12.*

1434. La Bibliothéque choisie de Mr. le Clerc, *Amsterdam* 1703. 28. *vol. in-12.*

1435. La Bibliothéque ancienne & moderne, par Mr. le Clerc, *Amsterdam* 1714. 23. *vol. in-.12.*

1436. Nouvelles de la République des Lettres depuis le mois de Mars 1684. jusqu'à l'année 1718. par Mr. Bayle, *Amsterdam* 1684. 57. *vol. in-12.*

1437. Histoire Critique de la République des Lettres, *Utrecht* 1702. 15. *vol. in-12.*

1438. La Bibliothéque universelle & historique, *Amsterdam* 1687. 28. *vol. in-12.*

1439. Histoire des ouvrages des Sçavans, par Mr. Bayle, depuis l'année 1687. jusqu'à l'année 1709. *Rotterdam* 1687. 25. *vol. in-12.*

1440. La Bibliothéque Angloise, par Mr. D. L. R. *Amsterdam* 1717. 13. *vol. in-12.*

1441. Memoires litteraires de la Grande Bretagne, par Mr. de la Roche, *la Haye* 1720. 16. *vol. in-12. reliez en* 8. *tomes.*

1442. ————— Les mêmes *en* 12. *vol. in-12. reliez en* 6. *tomes.*

1443. Memoires pour l'histoire des Sciences & des beaux Arts, depuis l'année 1701. jusques & compris le mois de Juin 1726. *reliez en veau,* 119. *vol. in-12. à Trevoux.*

1444. Lettres philosophiques sur divers sujets importans *Trevoux* 1703. *in-12.*

1445. Mercure de France, Année 1725. les mois de Mai, Juin, 2. *vol.* Juillet, Aoust, Septembre, 2. *vol.* Octobre, Novembre, Décembre, 2. *vol.* 11. *vol. brochez.*

1445 * Mercure de France, Annnée 1726. les
5. premiers mois, 5. *vol. in-12. brochez,*

R O M A N S.

In-octavo & in-12.

1446. Histoire de l'admirable Dom Quichotte de la Manche, traduite
de l'Espagnol de Michel Cervantes, *paris
1713. & suiv. in 12. 14. vol.*

1447. Ibrahim, ou l'illustre Bassa, *paris 1723.
in-12. 4. vol.*

1448. Zayde, histoire Espagnole, par Mr. Segrais, avec un Traité de l'origine des Romans, par Mr. Huet, *paris 1719. in-12.
2. vol.*

1449. La Princesse de Cleves, *paris 1704. in-12. 4. vol. en un.*

1450. Le Diable boiteux, *paris 1707. in-12.*

1451. Les Avantures d'Abdala, fils d'Hanif,
envoyé par le Sultan des Indes à la découverte de l'Isle de Borico, traduites en françois par Mr. de Sandisson, *paris 1723. in-12
2. vol. avec figures.*

1452. La Vie & les Avantures surprenantes de
Robinson Crusoe, le tout écrit par lui-même, *Amsterdam in-12. 2. vol.*

1453. Tarsis & Zelie, *la Haye 1720. in-12. 3.
vol. avec figures.*

1454. La Vie de Guzman d'Alpharache, *paris
1709. in-12. 3. vol.*

1455. Les Avantures de Télémaque, par Mr.

Fénélon, *paris* 1717. 2. *vol. in-12. avec figures.*

1456. ———— Les mêmes , *les* 2. *volumes en un.*

1457. La Télémacomanie, ou la Censure & Critique du Roman intitulé , les Avantures de Télémaque, *Eleuterople* 1700. *in-12.*

1458. Critique generale des Avantures de Télémaque, *Cologne,* 1700. *in-12.* 2. *vol. en un.*

1459. Le Gage touché , Histoires galantes & comiques, *la Haye* 1714. *in-12. avec figures.*

1460. Histoire de la Sultane de Perse & des Visirs, Contes Turcs, *paris* 1707. *in-12.*

1461. Les Illustres Françoises, *Paris* 1723. *in-12.* 3. *vol.*

1462. Histoires tragiques & galantes , *paris* 1715. *in-12.* 3. *vol.*

1463. Histoire des Favorites, contenant ce qui s'est passé de plus remarquable sous plusieurs Regnes, par Mademoiselle D * * *, *Amsterdam* 1708. *in-12.*

1464. Memoires de Madame la Marquise de Fresne, *Amsterdam* 1702. *in-12. avec figures.*

1465. La fausse Clelie, Histoire Françoise galante & comique, *paris* 1718. *in-12.*

1466. Les Journées Amusantes , par Madame de Gomez, *Paris* 1722. *in-12.* 2. *vol.*

1467. Le Journal Amoureux, par Madame de Villedieu , *Paris* 1701. *in-12.* 2. *vol.*

1468. Histoire de Gilblas de Santillane, par Mr. le Sage, *in-12.* 3. *vol.*

1469. La Princesse de Portien , *paris* 1703. *in-12.*

1470. Les Amours de Psiché & de Cupidon, par Mr. de la Fontaine, *la Haye* 1714. *in-12.*

1471. Histoire d'Hypolite Comte de Duglas,

par Madame Daulnoy, *paris* 1721. *in-12.*
2. *vol. en un, avec figures.*

1472. L'Héorïne Mousquetaire, *paris* 1722.
in-12. avec figures.

1473. Les Mille & une Nuit, Contes Arabes,
traduits en François par Mr. Galland, *paris*
1705. *& suivantes in-12.* 12. *vol.*

1474. Les Mille & un Jour, Contes Persans,
traduits en François par Mr. Petis de la
Croix, *Paris* 1710. *in-12.* 5. *vol.*

1475. Les Mille & un Quart-d'Heûre, Contes
Tartares, *Paris* 1723. *in-12.* 3. *vol. avec*
figures.

1476. Les Contes & Fables Indiennes de Bidpaï
& de Lokman, traduites d'Ali Tchelebi-Ben-
Saleh Auteur Turc, par Mr. Galland, *Paris*
1714. *in* 12. 2. *vol.*

1477. Les Avantures merveilleuses du Manda-
rin Fum-Hoam, Contes Chinois, *Paris*
1723. *in-12.* 2. *vol.*

1478. Les Belles Grecques, ou l'Histoire des
plus fameuses Courtisanes de la Gréce, &
Dialogues nouveaux des Galantes moder-
nes, *Paris* 1712. *in-12. avec figures.*

1479. Le Puits de la Verité, nouvelle Gauloise,
Paris 1699. *in-12.*

1480. Les Mille & une faveur, ou Avantures
de Zéloïde & d'Amanzarifdine, Contes In-
diens, *Paris* 1718. *in-12.*

1481. Contes & Historiettes divertissantes ti-
rées du sieur Guichardin & autres, par le sieur
Pompe, *Paris* 1688. *in-12.*

1482. Petri Abelardi & Heloïssæ Epistolæ editæ
curâ Ricardi Rawlinson, *Londini* 1718. *in-*
octavo.

1483. La Vie de Pierre Abeillard & celle d'Hé-
loïse son épouse, *Paris* 1720. *in-12.* 2 *vol.*

L iij

1484. —— La même, *les deux vol. en un.*

1485. Les veritables Lettres d'Abeillard & d'Héloïse, traduites par l'Auteur de leur vie, *paris* 1723. *in-12. 2. vol.*

1486. Nouveau Recueil contenant la Vie, les Amours, les Infortunes & les Lettres d'Abeillard & d'Héloïse. Les Lettres d'une Religieuse Portugaise & du Chevalier ***, *Bruxelles* 1709. *in-12.*

1487. Les Lettres d'Héloïse & d'Abeillard, mises en Vers François, par Mr. de Beauchamps, *paris* 1721. *in-12.*

1488. Histoire des Amours & Infortunes d'Abeillard & d'Héloïse, par Mr. N. Fr. Dubois, *la Haye* 1711. *in-12.*

1489. La Tour Tenebreuse & les Jours Lumineux, Contes Anglois, *paris* 1705. *in-12.*

1490. La Vie de Scaramouche, par le sieur Angelo Constantini, *paris* 1695. *in-12.*

1491. Le Passe-Tems agréable, ou nouveau choix de Bons Mots, de pensées ingenieuses & de rencontres plaisantes, *Rotterdam* 1718. *in-12. 2. vol. en un.*

1492. L'éloge de la Folie par Erasme, avec quelques Notes de Listrius, & les belles Figures de Holbenius, traduite en François, par Mr. Gueudeville, *Leyde* 1713. *in-12.*

1493. Nouvelles de Michel de Cervantes Saavedra, traduites d'Italien en François, par Fr. de Rosset & le sieur d'Audiguier, *Paris* 1665. *in-12.*

1494. —— Les mêmes, *paris* 1713. *in-12. 2. vol.*

1495. Amusemens serieux & comiques, *paris* 1699. *in-12.*

1496. Les Exilez, par Madame de Villedieu, *paris* 1701. *in-12. 2. vol.*

PHILOLOGUES.

In - Octavo & in - 12.

1497. **T**Iti Petronii Arbitri Satyricon, cum Fragmentis, *Roterodami* 1693. *in-12.*

1498. —— Idem, *parisiis* 1693. *in-12.*

1499. —— Idem, cum notis Bourdelotii & glossario Petroniano, *parisiis* 1677. *in-12.*

1500. Traduction entiere de Petrone, suivant le nouveau manuscrit trouvé à Bellegrade en 1688. avec les remarques, *Cologne* 1694. *in-octavo* 2. *vol.*

1501. Petrone Latin & François, traduit suivant le manuscrit trouvé à Bellegrade en 1688. avec plusieurs remarques & additions, 1713. *in-octavo* 2. *vol. avec figures.*

1502. Contes & Nouvelles de Bocace Florentin, *Cologne* 1702. *in octavo* 2. *vol. avec les figures de Romain de Hooge.*

1503. Les Cent Nouvelles Nouvelles, *Cologne* 1701. *in-octavo* 2. *vol. avec les figures de Romain de Hooge.*

1504. Contes & Nouvelles de Marguerite de Valois Reyne de Navarre, *Amsterdam* 1700. *in-octavo* 2. *vol. avec figures.*

1505. Les Contes & Discours d'Eutrapel, par le feu Seigneur de la Herissaye, *Rennes* 1598. *in-12.*

1506. Les Oeuvres de Mr. le Noble, *paris in-12.* 19. *vol.*

1507. Ecole du Monde, ou Instruction d'un Pere à un Fils. par Mr. le Noble, *Amsterdam* 1709. *in-12. 3. vol.*

1508. Henrici Cornelii Aggripæ Opera in duos tomos digesta, *Lugduni per Beringos fratres in-octavo 3. vol.*

1509. Comte de Gabalis, ou entretiens fur les Sciences fecretes, *Cologne in-12.*

1510. Les Genies affiftans & Gnomes irreconciliables, ou fuite au Comte de Gabalis, *la Haye* 1718. *in-12.*

1511. Uranie ou les Tableaux des Philofophes, par Mr. le Noble, *paris* 1694. *in-12. 3. vol.*

1512. Le Jeu du Trictrac, avec les Jeux du Revertier, du Toute-Table, du Tourne-Cafe, des Dames rabatuës, du Plain & du Toc, *paris* 1715. *in-12. avec figures.*

1513. Les Jeux de Quadrille & de Quintille, avec les regles établies par l'ufage, *paris* 1724. *in-12.*

1514. Le Jeu des Echets, traduit de l'Italien de Gioachino Greco Calabrois, *paris* 1689. *in-12.*

1515. La nouvelle Methode raifonnée du Blafon, par le P. C. F. Meneftrier, *Lyon* 1696. *in-12.*

1516. Oœuvres diverfes de Mr. de Fontenelle, *paris* 1715. *in-12. 10. vol.*

1517. Oeuvresdiverfes de Mr. de Balzac, *paris* 1664. *in-12. 10. vol.*

1518. Les Bigarrures & touches du Seigneur Des-Accords, avec les Apophtegmes du ficur Gaulard & les Efcraignes Dijonoifes, *paris* 1661. *in-12.*

1519. Oeuvres de François de la Mothe le Vayer, *paris* 1684. *in-12. 15. vol.*

1520. Hexameron Ruftique, ou les fix journées passées à la Campagne entre des perfonnes studieuses, *paris* 1670. *in-12.*

1521. Cinq Dialogues faits à l'imitation des Anciens, par Orasius Tubero, *Liege* 1663. *in-12.*

1522. Les Oeuvres diverses de Mr. Cyrano de Bergerac, *Amfterdam* 1699. *in-12.* 2. *vol.*

1523. Nouveaux Contes à rire & avantures plaifantes ou recreations Françoises, *Cologne* 1722. *in-12.* 2. *vol. avec figures.*

1524. Lucien, de la Traduction de N. Perrot fieur d'Ablancourt, avec des remarques, *paris* 1707. *in-12.* 3. *vol.*

1525. Diverfitez curieuses, par Mr. l'Abbé Bordelon, *paris* 1700. *in-12.* 10. *vol.*

1526. Oeuvres de Mr. l'Abbé de S. Real, *la Haye* 1722. *in-12.* 5. *vol.*

1527. Oeuvres de Maiftre François Rabelais, avec les remarques de Mr. du Chat, *Amfterdam* 1711. *in-12.* 5. *vol.*

1528. Jugemens & obfervations fur la Vie & les Oeuvres de Maiftre François Rabelais, ou le veritable Rabelais réformé, *paris* 1699. *in-12.*

1529. Hiftoire Mythologique des Dieux & des Héros de l'Antiquité, *Amfterdam* 1715. *in-12. avec figures.*

1530. Dialogues des Morts d'un tour nouveau, pour l'inftruction des Vivans, fur plufieurs matieres importantes, *la Haye* 1709. *in-12.*

1531. Dialogues des Morts anciens & modernes avec quelques Fables compofées pour l'éducation d'un Prince, par Mr. de Fenelon, *paris* 1718. *in-12.* 2. *vol.*

1532. Les Métamorphofes d'Ovide, traduites en Vers François, par Mr. du Ryer, *paris* 1680. *in-12.* 3. *vol. avec figures.*

1533. Les Caracteres de Theophraste, traduits du Grec, avec les caracteres ou les mœurs de ce siecle, *paris* 1699. *in-12.*

1534. Le Theophraste moderne, ou nouveaux Caractéres des mœurs, *paris* 1700. *in-12.*

1535. Natalis Comitis Mythologiæ sive explicationis Fabularum Libri decem, *Hanoviæ* 1605. *in octavo.*

1536. Les Images des Dieux contenans leurs Portraits, Coutumes & Ceremonies de la Religion des Payens; traduites de l'Italien de Vincent Cartari, par Antoine du Verdier, *Lyon* 1633. *in-octavo.*

1537 Methode pour apprendre l'Histoire des Faux-Dieux de l'antiquité, ou le Pantheon Mytyque, traduit du Latin du P. Pomey, par Mr. Tenard, *paris* 1715. *in-12.*

1538. L. Apuleii Metamorphosis, cum notis Joannis Pricæi, *Gouda* 1650. *in-octavo.*

1539. Les Métamorphoses ou l'Asne d'Or de L. Apulée, traduites par J. de Montlyard, *paris* 1623. *in-octavo avec figures.*

1540. Phædri Fabularum Æsopiarum Libri quinque, *Londini* 1713. *in-12.*

1541 ⸺ Idem, cum notis Davidis Hoogstratani, *Amstelodami* 1711. *in-12.*

1542. ⸺ Idem, cum notis Jo. Fred. Gronovii, accedunt Nicolai Dispontinii in Phædrum Collectanea, *Amstel.* 1723. *in-12.*

1543. Les Fables de Phedre traduites en François, avec des remarques, *paris* 1702. *in-12.*

1544. Recueil des Fables d'Esope, de Phedre & de la Fontaine, qui ont rapport les unes aux autres, par Mr. Gaullyer, *paris* 1721. *in-12.*

1545. Explication historique des Fables, par

Mr. l'Abbé Banier , *paris* 1715. *in-*12. 3. *vol.*

1546. Lettres de Mr. de Saint-André à quelques-uns de ses Amis au sujet de la Magie, des Malefices & des Sorciers *paris* 1725. *in-*12.

1547. Traité Historique & Critique des prinpaux signes qui servent à manifester les pensées , par le R. P. Alphonse Costadau, *Lyon* 1721. *in-*12. 8. *vol.*

Autores cum notis Variorum.
In-octavo & in-12.

1548. PUblii Papinii Statii Opera cum notis Variorum , *Lugduni Batavorum* 1671. *in-octavo.*

1549. Quinti Horatii Flacci Opera , cum notis Ludovici Desprez, in usum Serenissimi Delphini , *Amstelodami* 1695. *in-octavo*

1550. ———. Idem cum notis Variorum & scholiis integris Joannis Bond , *Lugd. Bat.* 1670. *in-octavo.*

1551. Publii Terentii Comœdiæ , cum notis Variorum, *Lugd. Bat.* 1651. *in-octavo.*

1552. Ausonii Operà , cum notis Variorum, *Amstelodami* 1671 *in-octavo.*

1553. Juvenalis & Persii Satiræ , cum notis Variorum, *Lugd. Bat.* 1671. *in-octavo.*

1554. Claudiani quæ extant, cum notis Variorum , *Amstelodami* 1665. *in-octavo.*

1555. Martialis Epigrammata, notis Variorum

ad usum Serenissimi Delphini est interpretatus Vincentius Collesso , *Amstelod.* 1701. *in-octavo.*

1556. ———— Eadem cum notis Farnabii & Variorum , *Lugduni Batavorum* 1656 *in-octavo.*

1557. Lucretii de rerum naturâ libri sex, cum interpretationibus & notis Thomæ Creech , *Londini* 1717, *in-octavo.*

1558. Lucanus de Bello civili, cum notis Variorum , *Lugd. Bat.* 1669. *in-octavo.*

1559. L. Annæi Senecæ Tragœdiæ, cum notis Variorum , *Amstelod.* 1662. *in-octavo.*

1560. Publii Ovidii Nasonis Opera, cum notis Variorum , *Amstelod.* 1702. *in-octavo* 3. *vol.*

1561. P. Virgilii Maronis Opera, cum notis Variorum , *Lugd. Bat.* 1680. *in-octavo* , 3. *vol.*

1562. Catullus, Tibullus, Propertius , cum notis Variorum , *Trajecti ad Rhenum.* 1680. *in-octavo.*

1563. Plauti Comœdiæ, cum notis Variorum, *Amstelod.* 1684. *in-octavo* 2. *vol.*

1564. Cornelii Taciti Opera quæ extant , cum notis Variorum, *Amstelod.* 1685. *in octavo* 2. *vol.*

1565. Quintiliani Opera, cum notis Variorum *Lugd. Bat.* 1665. *in-octavo* 2. *vol.*

1566. L. Annæi Senecæ Opera, cum notis Variorum , *Amstelod.* 1672. *in-octavo* 2. *vol.*

1567. Auli Gellii Noctes Atticæ, cum notis Variorum, *Lugd. Bat.* 1666. *in-octavo.*

1568. Erasmi Colloquia , cum notis Variorum , *Lugd Bat.* 1664. *in-octavo.*

1569. Valerius Maximus, cum notis Variorum , *Lugd. Bat.* 1680. *in-octavo,*

1570.

1570. Aurelii Victoris Historiæ Romanæ Breviarium, cum notis Variorum, *Trajecti ad Rhenum* 1596. *in-octavo.*

1571. C. Julii Cæsaris Opera, cum notis Variorum, *Amstelod.* 1661. *in-octavo,*

1572. ——— Idem, *Lugd. Bat* 1713. *in-octavo* 2. *vol.*

1573. Florus cum notis Variorum, *Neomagi* 1662. *in-octavo.*

1574. Justinus cum notis Variorum, *Amstelodami* 1669. *in-octavo.*

1575. Crispi Sallustii Opera omnia, cum notis Variorum, *Amstelod.* 1690. *in-octavo.*

1576. Cornelii Nepotis Vitæ excellentium Imperatorum, cum notis Variorum, *Lugd. Batav.* 1675. *in-octavo.*

1577. Pervigilium Veneris, cum notis Variorum, *Hagæ Comitum,* 1712. *in-octavo.*

1578. Quinti Curtii Rufi historia Alexandri Magni, cum notis Variorum, *Amstelod.* 1673. *in-octavo.*

1579. Dictys Cretensis & Dares Phrygius, de bello Trojano, cum notis Variorum, in usum Serenissimi Delphini, *Amstelod.* 1702. *in-octavo.*

1580. Lucii Cælii Lactantii Opera, cum notis Variorum, *Lugd. Bat.* 1660. *in-octavo.*

1581. L. Annæi Flori Epitome rerum Romanarum, cum notis Variorum, *Amstelod.* 1702. *in-octavo* 2. *vol.*

1582. Sulpitii Severi Opera, cum notis Variorum, *Amstelod.* 1665. *in-octavo.*

1583. Minutii Felicis Octavius, cum notis Variorum, *Lugd. Bat.* 1672. *in-octavo.*

1584. Velleius Paterculus, cum notis Variorum, *Lugd. Bat.* 1653. *in-octavo.*

1585. Titi Petronii Arbitri Satiricon, cum notis Variorum , *Amstelod.* 1669. *in-octavo.*

1586. Suetonii Tranquilli Opera, cum notis Variorum, *Trajecti ad Rhenum* , 1690. *in-octavo.* 2. *vol.*

1587. —— Idem, *Lugd. Bat.* 1662. *in-octavo.*

1588. Mythographi Latini, C. Jul. Hyginus, Fab. Planciades Fulgentius , Lactantius Placidus, Albricus Philosophus , cum notis Variorum, *Amstelodami* 1681. *in-octavo* 2. *vol.*

1589. Plinii Historia naturalis , *Lugd. Bat.* 1669. *in-octavo* 3. *vol.*

1590. L. Cæcilii Plinii Secundi Epistolæ & Panegyricus , cum notis Variorum , *Oxoniæ* 1703. *in-octavo.*

1591. C. Plinii Panegyricus Trajano dictus, cum annotationibus Dominici Baudii, *Lugd. Bat.* 1675. *in-octavo.*

1592. C. Plinii Cæcilii Secundi Epistolarum Libri decem, cum notis Variorum , *Lugd. Bat.* 1669. *in-octavo.*

AUTORES

AB ELZEVIRIIS,

Editi *In - 12.*

1593. M. Tullii Ciceronis Opera, *Lugd. Batav. Elzevir.* 1642. *in 12.* 10. *vol.*

1594. Titi Livii Historia ex recensione Heinsianâ, *Lugd. Batav, Elzevir.* 1634. *in-12.* 4. *vol.*

1595. P. Terentii Comœdiæ, ex recensione Heinsianâ, *Lugd. Bat. Elzevir.* 1635. *in-12.*

1596. C. Julii Cæsaris quæ extant, ex emendatione Jos. Scaligeri, *Lugd. Bat. Elzevir.* 1635. *in-12.*

1597. M. Velleius Paterculus, cum notis Gerardi Vossii, *Amstelod.* 1664. *in-12.*

1598. C. Cornelius Tacitus, ex recensione Justi Lipsii, *Lugd. Batavorum Elzevir.* 1634. *in - 12.*

1599. L. Annæus Florus, *Lugd. Bat. Elzevir.* 1638. *in-12.*

1600. Desid. Erasmi Colloquia, *Lugd. Batav. Elzevir* 1636. *in-12.*

1601. C. Plinii historia naturalis, *Lugd. Bat. Elzevir.* 1635. *in-12.*

1602. Plinii Epiftolarum libri decem, & Panegyricus, *Lugduni Batavorum Elzevir.* 1640. *in-12.*

603. Senecæ Philofophi Opera, cum notis Gronovii, *Lugd. Bat. Elzevir.* 1646. *in-12* 4. *vol.*

LIVRES OUBLIEZ

dans le prefent Catalogue.

1604. LEs Oeuvres du Pere Maimbourg, *Paris* 1686. *in-quarto* 14. *vol.*

1605. Summa Sancti Thomæ, *Coloniæ Agrippinæ, Egmond,* 1640. *in-quarto* 3. *vol.*

1606. La Methode d'étudier & d'enfeigner les Hiftoriens Prophanes , par le R. P. Louis Thomaffin , *Paris* 1693. *in-octavo.* 2. *vol.*

1607. Tullius Chriftianus, five Divi Hieronymi Epiftolæ, *Parifiis* 1718. *in-*12.

1608. Traité Hiftorique & Dogmatique du fecret inviolable de la Confeffion, par Mr. Lenglet Dufrefnoy, *Paris* 1708. *in-*12.

1609. Oeuvres Philofophiques de Mr. Fenelon, fur l'éxiftence de Dieu, *Paris* 1718. *in-*12.

1610. Le Concile de Trente , traduit

en François, par Mr. l'Abbé Chanut, *Paris* 1686. *in*-12.

1611. Du veritable esprit de l'Eglise, dans l'usage de ses Cérémonies, *Paris* 1721. *in*-12.

1612. Dissertations Ecclesiastiques sur le pouvoir des Evêques, pour la diminution ou augmentation des Fêtes, par Mrs. les Evêques de Saintes, de la Rochelle & de Perigueux, *Paris* 1691. *in*-12.

1613. Histoire de la Musique & de ses effets depuis son origine jusqu'à present, *Paris* 1715. *in* 12.

1614. Histoire générale de la Danse Sacrée & Profane, par Mr. Bonnet, *Paris* 1723. *in*-12.

1615. De l'Astrologie judiciaire, par Mr. Bordelon, *Paris* 1689. *in*-12.

SOUSCRIPTIONS

Trouvées aprés le décés de Monsieur Thibert , Maistre des Comptes.

1616. SOuscription pour le quatriéme Volume des Cérémonies & Coûtumes de tous les Peuples du Monde , representées par des Figures dessinées de la main de Bernard Picard , *grand papier, dont les trois premiers tomes sont reliez & annoncez dans le present Catalogue , page 6. numero* 26.

1617. Souscription pour le Poëme de Mr. de Voltaire , intitulé Henri IV. ou la Ligue, *in-quarto, grand papier.*

1618. Souscription pour l'Histoire de Malthe, *in-quarto* 4. *vol. grand papier.*

1619. Souscription pour les Poësies d'Horace , disposées suivant l'ordre Chronologique, & traduites en François avec des Remarques & des Dissertations Critiques , par le R. P.

Sanadon, *in-quarto* 2. *vol.*

1620. Souscription, pour la Pratique universelle des Sciences les plus necessaires dans le Commerce & à la Vie Civile, par Nicolas Duval, *dont mention est faite au present Catalogue, page 12. numero 79.*

1621. Souscription, pour l'Histoire Romaine depuis la fondation de Rome, par les RR. PP. Catrou & Rouillé, *en grand papier, dont mention est faite dans le present Catalogue page 22. numero 188.*

Il y a aussi plusieurs belles Tablettes à vendre,